U0086649

博碩文化

博碩文化

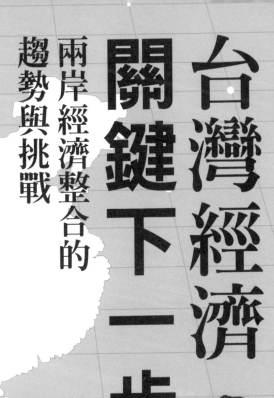

台灣經濟關鍵下一步

兩岸經濟整合的趨勢與挑戰

The Next Critical Step
for Taiwanese Economy

童振源———著

台灣經濟關鍵下一步

兩岸經濟整合的趨勢與挑戰

作　　者：童振源
責任編輯：吳思萱
企劃主編：Nancy
設計總監：蕭羊希
行銷企劃：黃譯儀

總 編 輯：古成泉
總 經 理：蔡金崑
顧　　問：鍾英明
發 行 人：葉佳瑛

出　　版：博碩文化股份有限公司
地　　址：221 新北市汐止區新台五路一段 112 號 10 樓 A 棟
　　　　　電話 (02) 2696-2869　傳真 (02) 2696-2867

郵撥帳號：17484299　戶名：博碩文化股份有限公司
博碩網站：http://www.drmaster.com.tw
讀者服務信箱：DrService@drmaster.com.tw
讀者服務專線：(02) 2696-2869 分機 216、238
（周一至周五 09:30 ～ 12:00；13:30 ～ 17:00）

版　　次：2014 年 1 月初版一刷

建議零售價：新台幣 260 元
I S B N：978-986-201-850-7（平裝）
律師顧問：劉陽明

本書如有破損或裝訂錯誤，請寄回本公司更換

國家圖書館出版品預行編目資料

臺灣經濟關鍵下一步：兩岸經濟整合的趨
勢與挑戰 / 童振源著 . -- 初版 . -- 新北市：
博碩文化, 2014.1

面；　公分

ISBN　978-986-201-850-7（平裝）

1. 兩岸經貿　2. 兩岸關係

558.52　　　　　　　　　　　102026458

Printed in Taiwan

博碩粉絲團

歡迎團體訂購，另有優惠，請洽服務專線
(02) 2696-2869 分機 216、238

　　台灣當前的經濟情勢已陷入前所未有的嚴峻挑戰、甚至危機。1980年代，台灣的經濟成長率平均為 7.74%，1990 年代平均為 6.35%，陳水扁總統執政八年平均為 4.42%，馬總統已經執政五年，平均為 3.07%。主計處預測，2013 年經濟成長率預計低於 1.75％，落後其他亞洲四小龍、中國、東南亞甚多，甚至低於日本，也低於全球平均的 2.4%。包括今年的經濟成長率預測值，馬總統執政六年，台灣經濟成長率超過 2% 的只有二年，平均只有 2.85%，幾乎只有陳水扁總統執政的一半（見圖 1）。

圖 1　台灣經濟成長率趨勢與預估：1981-2014

　　馬政府從推動兩岸經濟整合、參與亞太經濟整合、到全力推動自由經濟示範區計畫，台灣經濟成長前景仍不見起色。台灣政府預測明年台灣的經濟成長率只有 2.59%。根據台灣主計總處與環球透視的預測，在主要經濟體當中，明年台灣的經濟成長率不僅低於全球經濟成長率，

而且可能只會超過日本與歐盟；全球經濟成長率預估為 3.3%，中國為
8%，除了台灣之外的亞洲三小龍經濟成長率大約為 3.7%。而且，有不
少人懷疑，根據今年（2013）開始，政府預測經濟要保四，到現在只能
保一的經驗，明年的經濟成長率恐怕不容樂觀（見圖 2）。

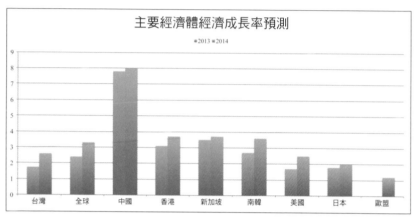

圖 2　主要經濟體經濟成長率預估：2013-2014

資料來源：洪凱音，〈商總嘆景氣⋯領到年終獎金要偷笑〉，《中國時報》，2013 年 11
月 30 日。

　　過去 20 多年，台灣的資金與人才不斷外流，台灣的經濟體質不
斷惡化。2012 年的投資率創歷史新低，僅有 16％；資金外流創歷史新
高，達到 523 億美元；人才外流嚴重，從 1999 年至 2010 年每年台灣以
投資移民與技術移民等移居外國者，從 7,456 人到 26,180 人不等，但並
未有外籍人士以投資移民與技術移民等經濟移民移入台灣。這些數字令
人怵目驚心，因為人才、資金、技術、消費的流出會根本改變台灣的動
態比較利益，結構性造成台灣的競爭劣勢，很難在短期內逆轉。

　　當然，馬總統執政五年應該為台灣的經濟困境負最大的責任，但是很多問題是台灣政治與經濟結構問題，已經累積 20 多年之久，朝野政黨都難脫干係，恐怕不是一句馬總統「傾中」或批評民進黨「逢中必反」便可以解決。無論國民黨或民進黨執政，如果朝野不能合作解決這些困境，台灣的危機只會來愈嚴重。朝野必須一起努力救台灣，不該再互相指責對方！

　　再者，當前台灣面對的國際處境相當艱鉅。1992 年時，中國的 GDP 是台灣的 2 倍，2012 年是台灣的 17.3 倍，中國的崛起不僅讓台灣參與國際組織更加艱辛，而且中國有更多資源可以收買國際社會人心，因此台灣要參與亞太區域經濟整合體制相當困難。相對之下，韓國已經與九個經濟體簽署自由貿易協定，包括美國、歐盟、東南亞、印度，目前正在與中國談判自由貿易協定，預計這 1、2 年內可以完成，屆時台灣 90％的出口都將受到韓國的衝擊。台灣與韓國的貿易重疊度高達七成，韓國的自由貿易協定對台灣企業的競爭力有非常大的衝擊，會更進一步造成台灣人才與資源的外流，扼殺台灣的經濟成長動力。

　　台灣參與亞太區域經濟整合與推動兩岸經濟整合的困境，這是台灣生存與發展最重要的議題，但也是國內朝野爭議最大、至今仍找不到解決方法的議題。本書希望提供讀者這些問題的背景、內涵、焦點，並且提出解決方法建議。特別是，希望本書能提供政府、朝野政黨及學界理解當前台灣參與亞太經濟整合與推動兩岸經濟整合的重要政策辯論資料。

　　本書的第七章「兩岸次區域經濟合作」是改寫自筆者與台灣經濟研究院區域發展研究中心呂曜志主任共同合寫的論文，這裡特別感謝曜志兄同意將這篇論文讓筆者修改放在本書。也要感謝研究助理李楚喻的幫忙，將我過去發表的論文先匯整、釐清本書的架構，並且協助更新本書的內容，讓這本書能在最快的時間內完成。最後，要感謝博碩出版社蔡總經理與古總編全力支持出版這本書，讓這本書能在最短的時間出版。

　　倉促完成此書，一定有很多疏漏之處，還請讀者及各位學術先進不吝指正。

童振源　謹誌 2013.12.1

於國立政治大學國家發展研究所

目 錄

表目錄

圖目錄

第一章

導論

全球化的區域經濟整合在最近二十多年迅速的發展，世界貿易組織（World Trade Organization，簡稱 WTO）在 2008 年 7 月的杜哈貿易談判回合正式破局後，代之興起的是區域貿易協定（regional trade agreement, RTA）或區域經濟整合協定（economic integration agreement, EIA），世界各國在 1999 年向 WTO 登記生效的區域經濟整合協定有 155 項，2007 年增加到 199 項，2013 年 7 月底已經高達 379 項。這些協議不只涉及國際貿易層面，也擴及資本、人員與技術的國際流動，甚至包括社會政策與競爭政策。

東亞地區的經濟整合在這個趨勢中並未缺席，從 1990 年代初期開始一波發展的動力。在 1990 年代以前，國際貿易與外國直接投資（FDI）的擴張主要是由各國國內政策開放與國際市場力量所推動，而非制度性的促進力量；1990 年代以後，國際間的經濟整合協定迅速發展並逐漸扮演重要的角色。在東亞經濟整合過程當中，跨國公司的國際投資是推動東亞國際生產整合與國際貿易的重要推手，隨著東亞經濟整合的深化，最近十幾年東亞各國都展現非常積極的態度，尋求建立區域經濟整合的制度化合作機制，整個東亞各國協商與執行區域經濟整合協定可以說是蔚為風潮。例如在 2007 年底，全球正在協商或考慮的區域經濟整合協定共有 205 個，亞洲國家已達到 104 個，占了全球經濟整合協定數量一半以上的案例。

面對區域經濟整合快速發展，台灣卻因為中國的政治阻撓及內部保護主義，而被排除在這波東亞經濟整合協定之外。過去 30 年，兩岸經濟關係從禁止到逐步開放、再到緊密的經濟交流。目前，中國已經是台灣最大的貿易與投資夥伴，同時台灣也是中國前五大貿易與投資夥伴。

然而，兩岸經貿往來的主要動力是單方面的政策開放與市場力量的拉動，不是兩岸政府的協調與合作。即使兩岸都是世界貿易組織的會員，但是中國卻不太願意在國際經濟場合進行兩岸互動與合作。

截至 2010 年底，台灣只有與巴拿馬、瓜地馬拉、尼加拉瓜、薩爾瓦多及宏都拉斯簽訂自由貿易協定（free trade agreement，簡稱 FTA）。然而，這些國家與台灣的貿易金額在 2010 年只占台灣貿易總額的 0.2%，對台灣經濟的整體福祉沒有太大幫助。台灣在這樣的困境當中，面對資金、人才、與技術大量流出，以及被邊緣化的挑戰，該如何發展出解套的方向，對台灣的生存及發展有很深的影響。

台灣當前的經濟情勢陷入前所未有的嚴峻挑戰、甚至危機，2013年經濟成長率預計低於 1.75%，落後其他亞洲四小龍、中國、東南亞甚多，甚至低於日本。我們的資金與人才不斷外流。2012 年的投資率創歷史新低，僅有 16%；資金外流創歷史新高，達到 523 億美元；人才外流嚴重，從 1999 年至 2010 年每年台灣以投資移民與技術移民等身分移居外國者，從 7,456 人到 26,180 人不等，但並未有外籍人士以投資移民與技術移民等經濟移民方式移入台灣。

本書首先介紹全球化下區域經濟整合的趨勢及其對台灣的影響，並說明兩岸從禁止到開放的經濟互動關係和台灣所面臨的處境。接著，對近期簽署的兩岸經濟合作架構協議（ECFA）和服務貿易協議做出檢討及建議，進一步將兩岸次區域經濟合作戰略做為新的突破模式，以深化兩岸關係。最後，對於台灣如何推動兩岸關係、突破政治障礙、並且擺脫困境尋求發展方向，提出筆者個人的建議。

全書一共八章，第二章開始，以亞太區域經濟整合體制為題，先從全球區域經濟整合趨勢出發，說明近幾年來的全球經濟發展趨勢變化，接著將範圍轉移至亞太區域經濟整合的趨勢，除了從不同面向解釋東亞經濟整合的深化程度，也將東南亞國協（ASEAN，簡稱東協）、亞太經濟合作會議（簡稱 APEC）、區域全面經濟夥伴關係（簡稱 RCEP）及跨太平洋夥伴關係協議 (簡稱 TPP) 等發展狀況及內容做清楚的說明。最後，本章從國內及外在局勢角度剖析台灣面對的困境與挑戰。

第三章為兩岸政經關係之演變，首先回顧兩岸過去數十年經濟交流政策之演變，從李登輝政府、陳水扁政府、到馬英九政府，台灣對大陸的經貿交流政策從禁止邁向逐步開放。接著具體地解釋兩岸經濟關係之演變過程，透過統計數據與圖表分析，比較兩岸貿易、兩岸投資、兩岸匯款、兩岸人員往來的逐年變化，雖然快速增長，但卻嚴重不平衡、不對稱。因此，馬政府希望透過與對岸簽署兩岸經濟合作協議，促進兩岸經濟關係正常化，並解決兩岸雙重課稅與雙邊投資保障問題。

第四章接著說明兩岸經濟合作架構協議之內容與爭議，一開始說明兩岸經濟合作架構協議涵蓋範圍及政府的效益評估，接著從各個面向討論其所引起的經濟爭議，包括簽署 ECFA 的急迫性、服務業與投資開放的評估、產業調整與所得分配效應、就業效應的評估、國際投資效應評估、ECFA 只是一個架構協議，由以上六點來解釋在經濟上的利弊得失。進一步說明在兩岸主權衝突的情勢下，ECFA 引發的政治爭議，涵蓋四個層面：台灣主權地位、台灣經濟自主、區域經濟戰略與民主批准程序。

　　第五章則從兩岸經濟合作架構協議執行以來的結果，來討論其成效並做檢討，首先從早期收穫項目的開放成果中討論早收計畫成效。其次，總體成效將討論台灣在中國進口市場的市占率、台灣的出口成長率、外商直接投資台灣的效益、國內投資動能、以及參與東亞經濟整合體制等面向。最後，對兩岸經濟合作架構協議的後續談判提供參考方向，並綜合檢討兩岸經濟合作架構協議對我國帶來的影響。

　　第六章，談論近期簽署、但尚未生效的兩岸服務貿易協議之利弊得失，將審視兩岸服務貿易協議的內容並說明兩岸開放的模式，對中華經濟研究院公布的評估報告進行分析與檢討，在兩岸服務貿易協議的效益評估中提出筆者個人的三個問題和八點觀察。最後，以如何共創兩岸雙贏為目標，對兩岸的經濟合作交流提出建議方向。

　　第七章，本書將提出兩岸交流的新突破模式—兩岸次區域經濟合作。首先對亞太次區域經濟合作之概況做簡單的介紹後，以中國為例說明其採取次區域作為經濟發展戰略的案例。本章嘗試從中國推動次區域經濟合作的整體戰略與特點，搭配兩岸在推動次區域經濟合作上的成效檢視，進一步檢視台灣在推動次區域經濟合作戰略上所面臨的問題，最後則提出建立兩岸次區域經濟合作的新模式。

　　第八章為結論與建議，本章總結了台灣的處境，進而提出台灣的全球經濟整合戰略，以多邊層面、雙邊層面、單邊層面三個面向出發，分別剖析其途徑、內容、優點與缺點。面對當前的挑戰與困境，除了提供台灣的兩岸經濟與區域經濟整合政策建議，亦從政治與經濟角度，建議大陸的對台政策應從兩岸互惠雙贏的角度出發，支持台灣參與東亞經濟整合體制。

　　在研究方法上，本書蒐集相關文獻，以經濟整合理論分析、結合實證模型評估，並運用國際組織與台灣官方統計資料，闡述全球及亞太的經濟發展趨勢，評析台灣在國際政治與經濟情勢上的地位與處境，以及兩岸經濟整合協議的效益與爭議。此外，筆者也與多位外國駐台代表及大陸官員會晤，提供第一手的訪談資料補充。

　　最後，本書盡可能地將資訊完整地蒐集與整理，顧及亞太區域經濟整合和兩岸政經關係，對於台灣所面臨的困境、以及政府執行的政策和步驟，本書也由上而下、由廣至深地提供完整戰略、策略、以及配套措施，希望能夠突破國內外的政治障礙，解決目前台灣在兩岸與國際經濟整合之間的困境。

第二章

亞太區域經濟整合體制

一、全球區域經濟整合的趨勢

世界貿易組織（WTO）的杜哈貿易談判回合在 2008 年 7 月正式破局，但早在 1992 年前後，全球已興起一股簽訂區域貿易協定（RTA, regional trade agreement）的風潮。至 2010 年 2 月，各國向關稅暨貿易總協定（GATT, General Agreement on Tariffs and Trade）或 WTO 共登記 462 項 RTAs，其中 245 項 RTAs 是根據 GATT 第 24 條關於商品自由貿易條款簽訂，31 項 RTAs 是根據 GATT 針對發展中國家形成自由貿易協定的授權條款簽訂，86 項 RTAs 是根據 GATT 第 5 條關於服務貿易自由貿易條款簽訂。在 2010 年初，有 271 項 RTAs 還在執行（見圖 2-1）。

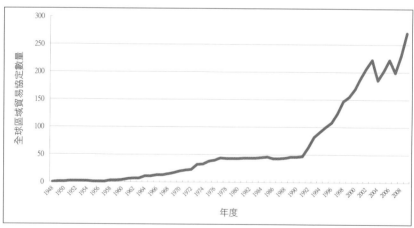

圖 2-1　全球區域貿易協定發展趨勢：1948-2009

資料來源：World Trade Organization, 2010.

　　雖然 WTO 習慣以 RTA 稱呼各國之間的經濟整合與合作，但當前全球經濟協議內容早已經超越貿易層面，所以本書將以經濟整合協議（EIA, economic integration agreement）統稱。世界各國在 1999 年向 WTO 登記生效的 EIA 有 155 項，2007 年增加到 199 項，2013 年 7 月底已經高達 379 項。民進黨執政時平均每年生效 5.5 項 EIA，在馬英九總統執政四年期間每年生效 30 項 EIA。區域經濟整合體制的發展速度實在非常驚人，對台灣的經濟發展挑戰非常嚴峻。

　　最近幾年，東亞各經濟體競相簽訂經濟整合協定，已經成為全球經濟整合協定發展的重要動力。例如，2007 年底，全球正在協商或考慮的區域經濟整合協定共有 205 個，亞洲國家便有 104 個，占了全球經濟整合協定數量一半以上的案例。

　　亞洲地區的經濟整合從 1990 年代初期開始有一波發展的動力，總共生效的 EIA 從 5 項增加到 2001 年的 28 項。從 2001 年以後，亞洲各國包括日本、大陸與韓國都加速推動協商 EIA，建議協商或正在協商的 EIA 數量從 2001 年的 10 項蓬勃發展到 2012 年底的 106 項，生效的協定數量從 2001 年的 28 項增加到 2012 年的 103 項（見圖 2-2）；特別是，台灣的主要經濟競爭對手韓國已經簽署九個 FTA，包括與東協、印度、歐盟、美國、新加坡、秘魯、智利、歐洲自由貿易聯盟及哥倫比亞的 FTA，同時正在與八個經濟體洽談 FTA，包括在 2012 年 5 月啟動韓國與大陸的 FTA 談判及 2013 年 3 月啟動中日韓三邊的 FTA 談判。

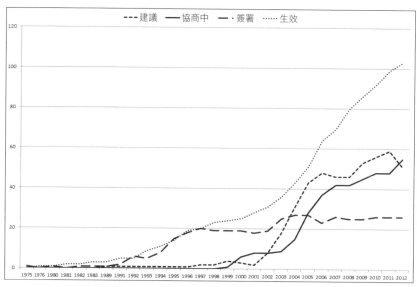

圖 2-2　亞洲經濟整合協定發展趨勢：1975-2012

資料來源："FTA Trends,"Asian Development Bank, <http://aric.adb.org> (December31, 2012).

二、亞太區域經濟整合的趨勢

　　過去 30 年，東亞經濟增長非常快速，其動力來源很大一部份來自國際貿易與外國直接投資（FDI, foreign direct investment）的擴張。首先，東亞各國普遍採取貿易與投資自由化政策，以擴大國際貿易與吸引 FDI。其次，以跨國公司所連結而成的全球生產網絡與供應鏈是國際貿易與 FDI 擴張的重要基礎。各國根據生產要素稟賦與科技能力的比較利益，形成東亞區域內動態分工與垂直產業內貿易的格局。第三，各國基礎設施的大幅改善，包括實體建設、通信網路、後勤連結的完善，促成國際生產網絡的群聚效應。第四，中國經濟的快速成長成為

東亞各國的重要生產網絡與供應鏈連結重心，加速東亞國際貿易與 FDI 的擴張。[1]

以出口而言，東亞佔世界出口的比重從 1980 年的 14％提高到 2006 年的 27％，東亞佔世界進口的比重從 1980 年的 15％擴張到 2006 年的 24％。以國際投資而言，流入東亞的 FDI 佔全世界 FDI 流入的比重從 1980 年的 5％提高到 2006 年的 14％；在同時期內，東亞 FDI 流出佔全世界 FDI 流出的比重從 5％增加到 11％。事實上，東亞各國的貿易與 FDI 擴張很大部分集中在東亞區域內部。

表 2-1 摘要世界不同經濟集團在 1980 年至 2006 年期間的區域內貿易比重變化情形。東亞區域內貿易佔東亞全部貿易的比重（東亞貿易集中程度）從 1980 年的 36.8％提高到 2006 年的 54.5％。目前，東亞超過一半的貿易是在區域內進行。雖然 2006 年的東亞貿易集中程度仍比舊歐洲聯盟（EU, European Union）15 國的比重（59.5％）略低，但是已經遠超過北美自由貿易區（NAFTA, North American Free Trade Area）的比重（44.3％）。特別是，從 1990 年至 2006 年，東亞貿易集中程度迅速增加 11.4 個百分點，但是 NAFTA 的貿易集中程度只增加 6.4 百分點，舊歐盟 15 個會員國的貿易集中程度卻減少 6.7 個百分點。[2]

1　Masahiro Kawai and Ganeshan Wignaraja, "Regionalism as an Engine of Multilateralism: A Case for a Single East Asian FTA," ADB Working Paper Series on Regional Economic Integration, No. 14,　February 2008, pp. 1-4.

2　根據亞洲開發銀行的統計，東亞區域內貿易集中程度從 1990 年的 43.1％增加到 2005 年的 55.6％，共增加 12.5 個百分點。Asian Regional Integration Center, "Integration Indicators Database,"　Asian Development Bank, http://www.aric.adb.org/indicator.php, 2008 年 5 月 28 日下載。

表 2-1　區域內貿易比重：1980-2006　　　　　　　　　單位：%

經濟體	1980	1990	2000	2006
東亞四小龍	8.6	11.9	15.5	13.6
東南亞國協	17.9	18.8	24.7	27.2
東亞	36.8	43.1	52.1	54.5
北美自由貿易區	33.8	37.9	48.8	44.3
舊歐洲聯盟（15）	60.7	66.2	62.3	59.5
新歐洲聯盟（25）	61.5	66.8	66.3	65.8

【註】 1. 東亞四小龍包括臺灣、南韓、香港與新加坡。
　　　 2. 舊歐洲聯盟指的是尚未包括東歐各會員國的原來 15 個會員國。

資料來源：Masahiro Kawai and Ganeshan Wignaraja, "Regionalism as an Engine of Multilateralism: A Case for a Single East Asian FTA," ADB Working Paper Series on Regional Economic Integration, No. 14, February 2008, p. 24.

　　隨著東亞經濟整合的深化，最近十幾年東亞各國都展現非常積極的態度，在尋求建立區域經濟整合的制度化合作機制上，整個東亞各國協商與執行區域經濟整合協定可以說是蔚為風潮。根據亞洲開發銀行的統計，亞洲國家在 1975 年才簽署第一個區域經濟整合協定，1991 年建議、協商當中與完成協商的區域經濟整合協定總共才 8 個，1995 年增加為 32 個，2000 年增加為 55 個，2003 年增加為 94 個，2007 年已達 204 個，到了 2013 年共計 261 個。至 2013 年底，建議評估區域經濟整合協定的案例為 51 個，協商當中的案例共計 75 個，已經完成協商的案例高達 135 個。在這 204 個協定當中，雙邊協定佔 190 個，多邊協定則佔 71 個（見表 2-2）。

表 2-2　亞洲區域經濟整合協定狀態（累計數量）：1975-2013

年度	建議	協商當中		完成協商		總計
		架構協定簽訂 / 進行協商當中	進行協商當中	簽署	執行當中	
1975	0	0	0	1	0	1
1983	0	0	0	1	3	4
1991	1	0	0	2	5	8
1995	1	0	0	12	19	32
2000	3	0	6	16	30	55
2001	2	0	8	15	33	58
2002	8	2	8	16	36	70
2003	18	4	9	22	41	94
2004	31	14	15	24	48	132
2005	43	18	28	24	56	169
2006	48	18	37	20	69	192
2007	46	18	42	23	75	204
2008	46	16	42	22	85	211
2009	52	16	45	22	91	226
2010	56	17	47	23	97	240
2011	59	17	47	23	104	250
2012	49	15	59	21	110	254
2013	51	13	62	22	113	261

【註】1. 亞洲開發銀行以 FTA 稱呼這些區域經濟整合協定，而且統計資料只有「亞洲」的統計資料，沒有「東亞」的統計資料。

2. 建議：相關各方正在考慮區域經濟整合協定、建立共同研究小組或共同工作小組及進行加入區域經濟整合協定的可行性評估研究。

3. 架構協定簽訂 / 進行協商當中：相關各方初步協商架構協定（framework agreement）的內容，以作為未來協商的架構。

4. 進行協商當中：相關各方在沒有架構協定的基礎上直接開始協商。

5. 簽署：相關各方在協商完成之後簽署協定。有些區域經濟整合協定需要立法或行政批准。

6. 執行當中：當區域經濟整合協定條文開始生效，例如開始降低關稅。

資料來源：Asian Regional Integration Center, "Table 1. FTAs by Status , 2013," Asian Development Bank,< http://www.aric.adb.org/1.php>, 2013 年 11 月 04 日下載。

根據亞洲開發銀行的統計，截至 2013 年底，東亞各國建議進行區域經濟整合協定協商的案例有 81 個，正在協商當中的案例有 81 個，已經完成協商的案例有 146 個，總計 308 個案例。以個別國家而言，截至 2013 年底，東亞經濟整合協定主要是由六個國家推動：新加坡、泰國、中國、日本、南韓與馬來西亞。這六個國家總共協商完成 84 項 EIAs，佔已經協商完成 146 項 EIAs 的 57.5％。新加坡是最積極的國家，已經完成協商的區域經濟整合協定有 21 個，建議與協商當中的案例共有 17 個。其他還有南韓，已經完成協商的區域經濟整合協定有 11 個，包括建議與協商當中的案例共有 21 個。而中國已經完成協商的區域經濟整合協定有 14 個，包括建議與協商當中的案例共有 13 個。接著則是日本、泰國與馬來西亞，已經完成協商的區域經濟整合協定分別有 13 個、12 個與 13 個，包括建議與協商當中的案例分別有 13 個、17 個與 14 個（見表 2-3）。

在東亞經濟整合協定當中，東協與亞太經濟合作會議（APEC）是推動東亞經濟整合協定的最主要兩個區域經濟整合組織。東協成立於 1967 年 8 月，其目的在於促進經濟成長與維持區域和平與穩定，創始會員國包括印尼、馬來西亞、新加坡、菲律賓與泰國，汶萊於 1984 年 1 月加入東協，這六個國家稱之為東協原始會員國。越南在 1995 年 7 月加入，緬甸與寮國在 1997 年 7 月加入，柬埔寨在 1999 年 4 月加入。

表 2-3　東亞各國的區域經濟整合協定狀態：2013 底

經濟體	建議	協商當中		完成協商		總計
		架構協定簽訂／進行協商當中	進行協商當中	簽署	執行當中	
新加坡	6	1	10	2	19	38
泰國	8	3	6	0	12	29
中國	6	1	6	2	12	27
南韓	11	0	10	1	10	32
日本	5	0	8	0	13	26
馬來西亞	7	1	6	1	12	27
印尼	6	1	6	2	7	22
汶萊	6	2	2	0	8	18
菲律賓	7	0	2	0	7	16
寮國	4	0	2	0	8	14
緬甸	4	1	2	0	6	13
越南	4	1	6	0	8	19
柬埔寨	4	0	2	0	6	12
臺灣	2	1	1	1	5	10
香港	1	0	0	1	3	5
總計	81	12	69	10	136	308

【註】 1. 亞洲開發銀行以 FTA 稱呼這些區域經濟整合協定。由於區域經濟整合協定的對象至少有兩個經濟體，按照經濟體區分，一個雙邊或多邊協定會被重複計算，所以各國加總的區域經濟整合協定數目會比表 2-2 全亞洲區域經濟整合協定數目還多。

2. 建議：相關各方正在考慮區域經濟整合協定、建立共同研究小組或共同工作小組及進行加入區域經濟整合協定的可行性評估研究。

3. 架構協定簽訂／進行協商當中：相關各方初步協商架構協定（framework agreement）的內容，以作為未來協商的架構。

4. 進行協商當中：相關各方在沒有架構協定的基礎上直接開始協商。

5. 簽署：相關各方在協商完成之後簽署協定。有些區域經濟整合協定需要立法或行政批准。

6. 執行當中：當區域經濟整合協定條文開始生效，例如開始降低關稅。

資料來源：Asian Regional Integration Center, "Table 6. FTA Status by Country, 2013," Asian Development Bank, <http://www.aric.adb.org/10.php>, 2013 年 11 月 04 日下載。

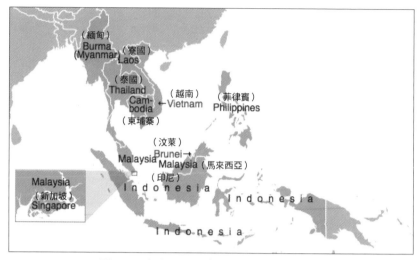

圖 2-3　東南亞國協會員國：2013 年 11 月

資料來源：<http://en.wikipedia.org/wiki/File:ASEAN_members.svg>，2013 年 11 月 24 日下載。

　　目前，東協的經濟整合協定倡議包括東南亞國協自由貿易區（AFTA, ASEAN Free Trade Area）、《東南亞國協服務架構協定》（AFAS, ASEAN Framework Agreement on Services）、東南亞國協投資區（AIA, ASEAN Investment Area）。2003 年 10 月，東協各國領導發表聲明，同意在 2020 年前成立東南亞國協共同體（ASEAN Community），包括安全共同體、經濟共同體、與社會文化共同體等三大支柱。各項經濟倡議詳細說明如下。

　　1992 年 1 月，東協各會員國成立 AFTA，其目標在於 15 年之內建立自由貿易區，希望藉此整合東協區域內五億人口的區域市場。共同有效優惠關稅（CEPT, Common Effective Preferential Tariff）計畫成為東協

降低會員國之間關稅到 0-5％的主要機制。此外，AFTA 還同意廣泛地推行貿易便捷化措施，包括 2020 年東協關稅與亞洲關稅願景協定，以便利化與簡化東協會員國的海關程序。

1995 年 12 月，東協各會員國簽署 AFAS，預計大規模消除東協會員國之間的服務貿易限制，改善市場進入障礙與確保平等國民待遇，以及改善服務業的效率與競爭力。1998 年 10 月，東協各會員國簽署 AIA，希望放寬各國投資規則與政策，鼓勵資本、技術人員、專業技能與技術的流通，以提升東協的投資競爭力。AIA 協定所涵蓋的範圍包括農林漁礦業與製造業，也包含上述部門相關的服務業。

2003 年 10 月初，東協各會員國領袖進一步簽訂協定，希望仿效歐洲共同體，在 2020 年以前成立「東南亞國協經濟共同體」。2007 年 11 月 20 日，東南亞國協十個會員國領導人齊聚新加坡簽署一項歷史性的東協憲章，讓東協組織首度擁有正式的法律架構。此外，在他們簽署的另一份「東南亞國協經濟共同體藍圖」協定中，還同意師法歐盟，東協會員國在 2015 年成立的自由貿易經濟體，將包括貨品、服務與投資的開放，同時讓讓勞工和資本能夠更容易流通。不過，像歐盟的完全整合、護照自由流通與單一貨幣，則不在該藍圖協定當中。根據經濟藍圖的時間表指出，東協在 2010 年將會大幅移除航空運輸、健康照護與旅遊業等領域的服務貿易限制；物流服務的貿易障礙將於 2013 年跟進消除，至於其他產業則將在 2015 年全面開放。在 2013 年 4 月第 9 屆東協經濟共同體委員會會議中，東協經濟共同體已進入最後階段，目前已完成約 77.5%《東協經濟共同體藍圖》下之措施。

　　2008 年 12 月 16 日，東協六個會員國（新加坡、汶萊、柬埔寨、印尼、寮國和馬來西亞）在新加坡簽署三份涵蓋貨物、貿易、投資與服務的貿易投資協定。根據這項協議，大部分東協之間的貨物往來，關稅已經逐漸降到零或 5%，並希望能在 2015 年前建立東協單一市場。

　　除了促進東協會員國間的經濟整合之外，東協也非常積極與其他國家或地區談判或執行 EIAs。目前有東協與中國的東協加一；東協與中國、日本和韓國的東協加三，承諾擔任推動東亞共同體的主力機制，為亞太地區的區域和平穩定、經濟成長繁榮、社會文化發展等層面努力；另外還有東協加中國、日本、韓國、澳洲、紐西蘭和印度的東協加六，2011 年 11 月，美國與俄羅斯也首度參與東亞高峰會，使東協加六拓展為東協加八。除此之外，東協也同時啟動與各國建立雙邊自由貿易區的進程。

　　2002 年 11 月 4 日，東協各國領袖與中國領導人共同簽署了《中國－東協全面經濟合作框架協定》，決定在 2010 年建立雙邊自由貿易區。2004 年 11 月東協與中國再簽署自由貿易區《貨物貿易協定》，雙方決定自 2005 年全面啟動東協－中國自由貿易區降稅進程，東協六國與中國之間的大部分產品的關稅將於 2010 年降到零，其他四個東協新成員國與中國之間的關稅至 2015 年降到零。[3] 同時，雙方還就爭端解決機制協定達成了共識。

3　東協六國指的是印尼、馬來西亞、菲律賓、新加坡、泰國、汶萊；其他四個東協新成員國指的是越南、寮國、緬甸、柬埔寨。

2007 年 1 月 14 日，東協與中國簽署《服務貿易協定》，於 2007 年 7 月開始執行第一階段服務貿易自由化。根據協定規定，中國將在對世界貿易組織承諾的基礎上，在建築、環保、運輸、體育和商務等五個服務部門的 26 個分部門向東協會員國做出新的市場開放承諾。另一方面，東協會員國也將分別在金融、電信、教育、旅遊、建築、醫療等行業向中國做出市場開放承諾，包括進一步開放上述服務領域，並允許對方設立獨資或合資企業，放寬設立公司的股份比例限制等。到了 2010 年，雙方成功建立了中國 - 東協自由貿易區，形成「東協加一」，規模為全球人口數最多，開發中國家最大的自由貿易區。

另外，東協與印度的區域貿易與投資區也有了新的進展，印度與東協 10 國已簽署貨品貿易協定，並在 2010 年 1 月 1 日起生效，使紡織、醫藥、化學、加工食品、汽車零組件等產品享有零關稅之優惠。印度與東協服務貿易與投資協定可能於 2013 年 12 月完成簽署，2014 年 7 月生效。在服務貿易及投資協定簽署後，印度與東協間將完成一全面經濟夥伴協定（Comprehensive Economic Partnership Agreement, CEPA）將為印度資訊科技、醫療照顧、設計及研究等領域之專業人士帶來更多的工作機會。

另外，2009 年 2 月 28 日東協與澳洲及紐西蘭簽署自由貿易協定。東協正在積極協調簽署與歐盟的自由貿易協定、以及與日本全面經濟合作協定。台灣在這方面亦積極表達與東協建立自由貿易協定的意願，但是需要克服來自中國在外交上的阻礙。

關於東協加六（東協 10 個成員國加中國、日本、韓國、澳洲、紐西蘭和印度）形成的經濟夥伴關係，合作架構始於 2005 年 12 月 14 日在馬來西亞吉隆坡召開的第 1 屆東亞高峰會（East Asia Summit, EAS），宣言中指出，期望在涉及共同利益與安全的政經議題上，促成東亞各國更廣泛的對話機會，並配合既有的東協加一和東協加三機制，為孕育東亞區域的共同體發揮關鍵作用。

起初，東協加六主要是以東亞綜合經濟夥伴（Comprehensive Economic Partnership in East Asia, CEPEA）為談判架構，相較於「東協加三」裡中國的主導性強，CEPEA 主要由日本主導，此概念在 2005 年 12 月形成後，直到 2008、2009 年隨著澳洲、紐西蘭、及印度與東協分別展開自由貿易協定的關係才形塑成一個更強大而廣泛的經濟合作架構，以此深化東亞地區的經濟整合、縮減各國的發展差距，並使各會員國在未來數十年間享有永續發展所帶來的利益。不過，CEPEA 的建置一直沒有具體且分工明確的組織架構，以致於在之後幾年並沒有顯著的進展。

而區域全面經濟夥伴關係（Regional Comprehensive Economic Partnership, RCEP）即是在這之後發起，東協加六希望透過談判以削減關稅及貿易壁壘，建立 16 國統一市場的自由貿易協定。

RCEP 的概念始於 2011 年 2 月 26 日的第 18 次東協經濟部長會議，在會議上討論並達成組建 RCEP 的草案。之後，於 2012 年 8 月底所召開的東協 10 國與其他六國的經濟部長會議上，原則同意組建 RCEP，並在同年 11 月第 21 屆東協高峰會上由各國領袖贊同 RCEP 的架構，並宣布了第一回合的談判進程。

2013 年 5 月，亞太 16 國在汶萊舉行第一回合談判，主要目標在於達成更廣泛且互利互惠的經濟夥伴關係、創造並完善自由投資環境、增進各國在全球及區域供應鏈之參與、同時確保智慧財產權的保障。第二回合 RCEP 談判會議在同年 9 月舉行，對於貨品貿易以及服務貿易與投資展開進一步討論，另外亦針對經濟技術合作、智慧財產權、競爭政策及爭端解決等議題進行資訊交流，並敲定了第三回合談判將於 2014 年 1 月在馬來西亞舉行，各國緊鑼密鼓地積極談判，預計 2015 年完成談判。

亞太經濟合作會議（APEC）是東亞地區的另外一項重要經濟整合體制的建樹。自從 1989 年成立以來，APEC 目前已有 21 個會員經濟體，包括東亞 12 個經濟體（汶萊、中國、香港、印尼、日本、南韓、馬來西亞、菲律賓、新加坡、臺灣、泰國與越南），以及澳洲、加拿大、智利、墨西哥、紐西蘭、巴布亞新幾內亞、秘魯、俄羅斯、與美國。

APEC 致力於降低會員經濟體之間關稅與其他貿易障礙，以及鼓勵貨物、服務、資本與技術的流通。自 1993 年起，APEC 對亞太區域經濟整合有些許的承諾與發展聲明。1994 年的「茂物宣言」提出，希望已開發經濟體的 APEC 會員經濟體在 2010 年前達成自由貿易區，開發中經濟體的 APEC 會員經濟體則在 2020 年前達成自由貿易區。然而，之後幾年「茂物宣言」提出的自由貿易區構想仍不見落實的前景，直到 2013 年，再次成為舉辦國的印尼將茂物目標作為會議重要議程，希望繼續深化區域一體化，但由於各成員過在經濟發展水準和利益訴求上存在差異，茂物目標又缺乏硬約束力，導致在不同領域內實現茂物目標出現進展不平衡的情形。

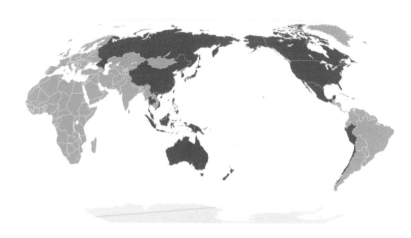

圖 2-4 亞太經濟合作會議的 21 會員經濟體：2013 年 11 月

資料來源：<http://en.wikipedia.org/wiki/File:Asia-Pacific_Economic_Cooperation _nations. svg>，2013 年 11 月 24 日下載。

　　另外，APEC 各會員經濟體在 2006 年 11 月 19 日發表的「河內宣言」將發展「亞太自由貿易區」（FTAAP）列為長期願景，2007 年的「雪梨宣言」則是將「區域經濟整合」列為關注的重點，2008 年的「利馬宣言」則將促進亞太區域經濟整合列為第一要項，希望達成亞太地區的貿易與投資自由化與開放，並且制訂具體的行動計畫，包括檢視亞太自由貿易區（FTAAP）在長期實現的前景與選項。在 2013 年舉辦的 APEC 亞太經合會中，除了強調實現茂物目標，也聚焦於達成公平永續成長以及促進連結性等三大議題，相關目標有努力提高中小企業的全球競爭力，加強糧食安全，因應氣候變遷，以及賦予婦女經濟權，並在促進連結性的議題下，著重發展藍色經濟以及促進投資等目標。

　　面對東亞的經濟整合協定演變趨勢，APEC 試圖提供新的動力，推動 FTAAP 為長期目標，但許多會員經濟體對於 FTAAP 是否能夠具體落實期待不高。重新再被提出的茂物宣言又因為各成員國經濟發展水準不一，意見分歧，提出至今已 19 年卻遲遲未能達成。APEC 在 2013 年已經成立 25 週年，但是還是缺乏具體的法律與制度規範，使得 APEC 仍然成為一個鬆散的論壇 [4]（見表 2-4）。

表 2-4　APEC 對亞太區域經濟整合之具體承諾：1993-2007

年度	目標、計畫	具體內容
1993	亞太經濟體的社群 （A Community of Asia Pacific Economies）	承諾共創「安定、安全與繁榮」亞太社群的願景。
1994	茂物目標 （Bogor Goals）	承諾已開發經濟體要在 2010 年以前、開發中經濟體要在 2020 年以前達到貿易投資的自由化與開放。
1995	大阪行動綱領 （OAA, Osaka Action Agenda）	透過貿易投資自由化、商務便捷化、經濟與技術合作達成茂物目標。
1996	APEC 馬尼拉行動計畫 （MAPA ,Manila Action Plan for APEC）	在 OAA 下規劃達成茂物目標的具體措施，包括個別行動計畫（IAPs, Individual Action Plans）與共同行動計畫（CAPs, Collective Action Plans）。
1997	自願性部門提前自由化計劃 （EVSL, Early Voluntary Sectoral Liberalization）	認可自願性部門提前自由化（EVSL）計畫的企劃，初步包括 15 個部門。

4　陳秀蘭，〈APEC 挺亞太自貿區〉，《經濟日報》，2006 年 11 月 20 日，版 A1。

年度	目標、計畫	具體內容
2001	上海約章 （Shanghai Accord）	拓展 APEC 的願景目標、更新 OAA、以開路者機制推動 APEC 倡議、落實貿易便捷化，以期五年內降低交易成本 5%、通過透明化原則。
2005	釜山路徑圖 （Busan Roadmap）	在茂物目標期中盤點基礎上，進一步擬定未來完成茂物目標及 APEC 社群的路徑圖。
2006	河內行動計畫 （Hanoi Action Plan）	在釜山路徑圖的導引下，提出未來落實茂物目標、經濟整合、能力建構的特定行動計畫與里程碑。
2007	強化區域經濟整合 （Strengthening Regional Economic Integration）	將「區域經濟整合」列為部長聲明與領袖宣言中的要項；發表首份區域經濟整合報告，針對進一步推動區域經濟整合提出廣泛的行動方案，包括對亞太自由貿易區（FTAAP）的實現在選擇與展望上做更進一步的檢視。
2008	亞太發展的新承諾 （A New Commitment to Asia-Pacific Development）	將促進亞太區域經濟整合列為第一要項，希望達成亞太地區的貿易與投資自由化與開放，並且制訂具體的行動計畫，包括檢視亞太自由貿易區（FTAAP）在長期實現的前景與選項。

資料來源：江啟臣，〈亞太區域經濟整合的演變與發展〉，江啟臣 編，《區域經濟整合浪潮下的亞太自由貿易區》（臺北：臺經院 APEC 研究中心，2007），頁 17。"A New Commitment to Asia-Pacific Development," 2008 Leaders' Declaration of the Sixteenth APEC Economic Leaders' Meeting, 22-23 November, 2008, <http://www.apec.org/content/apec/leaders__declarations/2008.html>, accessed February 2, 2009.

跨太平洋夥伴關係協議（The Trans-Pacific Partnership, TPP）是由汶萊、智利、紐西蘭及新加坡四國發起，主要是促進亞太區貿易自由化的一組多邊關係的自由貿易協定。2008 年 2 月美國同意參與協商之後，同年澳洲、秘魯、越南以及 2010 年加入的馬來西亞開始進行協商，隨後在 2010 年墨西哥、加拿大及 2013 年日本也加入談判。除此之外，也有許多國家表達加入 TPP 的意願，包括南韓、菲律賓、寮國、哥倫比亞、哥斯大黎加、泰國以及台灣。

TPP 是一個綜合性的經濟整合協議，包括了一個典型的自由貿易協定主要內容：貨物貿易、原產地規則、貿易救濟措施、衛生和植物衛生措施、技術性貿易壁壘、服務貿易、知識產權、政府採購和競爭政策等，主張在 2006 年 1 月 1 日起，各會員國間達到扣除 90% 關稅，2015 年達到所有貨品免關稅的目標。目前 TPP 主要由美國催生，除了越南以外，其他加入國均為較為先進國家，被視為排擠中國的自由貿易協定，與中國主導的東協加六相抗衡。TPP 整合亞太的二大經濟區域合作組織，亦即 APEC 和東協重疊的主要成員國，對照 WTO 在杜哈談判的破局，TPP 的重要性卻更加顯著，儼然成為小型世界貿易組織，對亞太區域經濟的影響越來越深。

TPP 第一回合的協商在 2010 年 3 月舉辦，主要強調要在 21 世紀建立一個高品質且有廣度的自由貿易協定，規畫出一個能夠提升區域整合、制度連貫、並加強競爭力、透明性以及發展性的協議，此外也鼓勵中小型企業的貿易參與，進一步注重勞工以及環境條件。直到 2013 年 8 月，已經完成了 19 回合的協商，會中肯定 TPP 的進程順利，並進一步將未來的目標具體化、特定化，各國協商代表對市場進入、原產地規

則、投資、金融服務、知識產權、競爭政策及環境議題等更進一步地提出技術性談判。

就東亞個別國家而言，除以東協會員國身份集體與其他國家或地區完成或協商六項 EIAs 之外，汶萊、柬埔寨、寮國、緬甸、菲律賓、越南等六個國家在推動雙邊 EIAs 方面較為消極。汶萊與日本已經簽訂 FTA，巴基斯坦與汶萊及美國與汶萊之間的 FTA 正在研商當中。柬埔寨沒有推動任何其他雙邊的 EIAs。寮國是 1975 年成立曼谷協定、2005 年更名為亞太貿易協定的創始會員國，同時也與泰國之間簽訂優惠貿易協定。緬甸有參加孟加拉灣倡議組織自由貿易區的協商。菲律賓與日本簽定經濟夥伴協定，同時正在進行與巴基斯坦、歐盟及美國自由貿易協定的可行性評估。越南與日本簽訂夥伴協定，並與歐洲自由貿易協會（EFTA）進行研議；與歐盟、TPP、韓國以及俄羅斯 - 哈薩克 - 白俄羅斯關稅同盟進行自由貿易定的談判。

除以東協會員國身份集體與其他國家或地區完成或協商六項 EIAs 之外，印尼、馬來西亞、泰國推動雙邊 EIAs 情形如下：印尼已經與日本及八大發展中國家集團簽署 EIAs，與巴基斯坦簽訂優惠貿易協定，並與智利、歐盟、韓國、印度、澳洲、歐洲自由貿易協會、巴基斯坦、美國進行 EIAs 的可行性評估或協商。馬來西亞已經與日本、巴基斯坦、紐西蘭、智利、印度、澳洲、八大發展中國家集團及伊斯蘭會議組織簽署或執行 EIAs，正在與南韓、土耳其、美國、敘利亞、歐盟、歐洲自由貿易協會、TPP、RCEP 及海灣合作理事會進行可行性評估或協商。泰國已經與日本、寮國、中國、澳洲、紐西蘭執行 EIAs，與祕魯簽署早期收穫協定，參加孟加拉灣倡議組織自由貿易區的協商，並與印

度、南韓、巴基斯坦、智利、歐洲自由貿易協會、南方共同市場、美國進行 EIAs 的可行性評估或協商。

除以東協會員國身份集體與其他國家或地區完成或協商六項 EIAs 之外，新加坡推動雙邊 EIAs 情形如下：新加坡已經與下列國家或組織簽署或執行 EIAs：歐洲自由貿易協會、印度、日本、南韓、紐西蘭、澳洲、約旦、巴拿馬、跨太平洋戰略經濟夥伴協定、美國、祕魯、中國，與波斯灣合作委員會、哥斯大黎加、歐盟完成談判或簽署。此外，新加坡也在推動與多個國家或地區的 EIAs 談判或可行性評估，包括加拿大、斯里蘭卡、巴基斯坦、埃及、墨西哥、烏克蘭、與 TPP。

中國已經與下列國家 / 地區或組織簽署或執行 EIAs：東協、亞太貿易協定、智利、香港、澳門、巴基斯坦、泰國、紐西蘭、新加坡、祕魯、哥斯大黎加、冰島。此外，中國也在推動與多個國家或地區的 EIAs 談判或可行性評估，包括 ASEAN+3、RCEP、澳洲、波斯灣合作委員會、印度、瑞士、中國、日本、南韓、南韓、挪威、南非、南非洲關稅同盟、哥倫比亞、與上海合作組織。

香港與中國正在執行緊密經濟夥伴安排協定，同時與紐西蘭協商緊密經濟夥伴協定。2003 年 6 月 29 日，中國與香港簽訂「更緊密經貿關係安排」（Closer Economic Partnership Arrangement）協定，並且與澳門簽訂類似的協定。中國與香港的「更緊密經貿關係安排」主要內容有三：貿易自由化、服務業市場開放及貿易便利化。2004 年 1 月 1 日，273 項香港產品進入中國享有「零關稅」的待遇；2006 年 1 月 1 日，近 4,000 項產品享有「零關稅」的待遇。香港的 17 項服務業領域，包括銀

行業與證券保險，准許進入中國市場，同時經營權比率與資產門檻將大幅下降，中國與香港相互提供通關便利化、促成法律與法規透明化、促進電子商務的發展、及促進雙方中小企業與中醫藥產業合作。

2006 年 6 月香港與中國簽署「補充協議三」，中國進一步在服務貿易領域擴大對香港的開放，加強與香港在貿易投資便利化領域的合作。到了 2013 年 8 月，兩方已完成「CEPA 補充協議十」的簽署，也是簽署 CEPA 以來涵蓋最多的補充協議，包括在法律、銀行、證券、建築、運輸、電信及其相關服務等 28 個領域，進一步增加了 65 項服務貿易開放措施，以及 8 項加強兩地金融合作和便利貿易投資的措施，累計至補充協議十，一共有 403 項服務貿易開放措施，朝服務貿易自由化的目標更向前邁進。

日本已經與東協、汶萊、智利、印尼、馬來西亞、墨西哥、菲律賓、新加坡、泰國、瑞士、越南、印度、祕魯簽署或執行雙邊的 EIAs。同時，日本也在推動與多個國家或地區的 EIAs 談判或可行性評估，包括 ASEAN+3、RCEP、TPP、歐盟、澳洲、加拿大、波斯灣合作委員會、蒙古、哥倫比亞及土耳其。

南韓已經與下列國家或組織簽署或執行 EIAs：東協、亞太貿易協定、智利、歐洲自由貿易協會、新加坡、美國、印度、祕魯、歐盟、土耳其、哥倫比亞。此外，南韓也在推動與多個國家或地區的 EIAs 談判或可行性評估，包括澳洲、ASEAN+3、RCEP、印度、印尼、越南、加拿大、歐洲聯盟、波斯灣合作委員會、南方共同市場、中美洲、墨西哥、南非、泰國、馬來西亞、紐西蘭、中國、以色列、蒙古、馬來西亞。

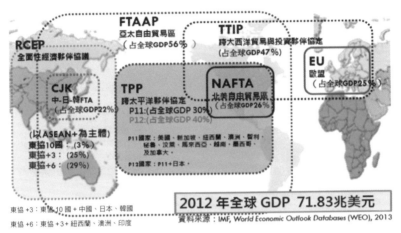

圖 2-5　全球區域經濟整合協議概況：2013 年 6 月

資料來源：徐純芳，〈現階段亞太區域經濟整合之態勢〉，2013 年 6 月 25 日。

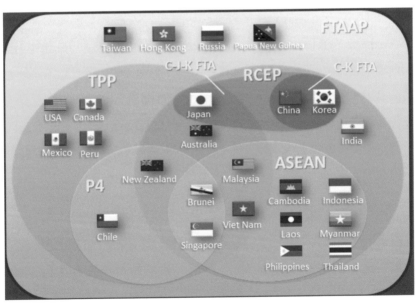

圖 2-6　亞太經濟整合協議概況：2013 年 6 月

資料來源：徐純芳，〈現階段亞太區域經濟整合之態勢〉，2013 年 6 月 25 日。

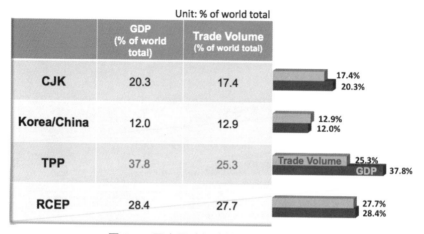

圖 2-7　亞太區域經濟整合協議之重要性

資料來源：徐純芳，〈現階段亞太區域經濟整合之態勢〉，2013 年 6 月 25 日。

　　簡而言之，在過去十幾年期間，東亞區域內的國際貿易與投資非常迅速地擴張。在 1990 年代以前，國際貿易與 FDI 的擴張主要是由各國國內政策開放與國際市場力量所推動，而非制度性的促進力量；但是在 1990 年代以後，國際間的經濟整合協定迅速發展，並逐漸扮演重要的角色。在東亞經濟整合過程當中，跨國公司的國際投資是推動東亞國際生產整合與國際貿易的重要推手；從 1995 年至 2002 年東亞各國累計的區域內 FDI 比重高達 71.8％。

　　由於東亞各國都展現非常積極的態度，在尋求建立區域經濟整合的制度化合作機制上，整個東亞各國協商與執行區域經濟整合協定可以說是蔚為風潮。根據亞洲開發銀行的統計，截至 2013 年底，東亞各國建議評估區域經濟整合協定的案例為 51 個，協商當中的案例共計 75 個，已經完成協商的案例高達 135 個，總計 261 個案例。在多邊機制上，

東南亞國協與亞太經濟合作會議是推動東亞經濟整合協定的兩個最主要組織。以個別國家而言，截至 2013 年底，東亞經濟整合協定主要是由六個國家推動：新加坡、泰國、中國、日本、南韓與馬來西亞。總體而言，亞洲國家所推動的區域經濟整合協定不是封閉的，而是相對開放的雙邊與多邊協定。

在內容方面，絕大部分東亞經濟整合協定的內容都超越傳統的自由貿易協定與世界貿易組織的規範架構，且是傾向綜合性的經濟伙伴關係協定。具體而言，絕大部分東亞經濟整合協定的內容包括商品關稅減免、貿易便利化、開放服務貿易、開放投資領域、保障智慧財產權、開放政府採購、開放生產要素移動、推動電子商務、開放交通與通訊、協調競爭政策、統一產品與檢疫標準、相互承認專業認證、提供法律協助、勞動標準、資訊科技合作及其他經濟合作議題等等。

在成效方面，以東協自由貿易區為例，雖然會員國優惠關稅稅率確實降低區域內部的關稅，但是與這些國家的最惠國關稅平均稅率差距不大。再者，儘管東亞國家很積極在進行商品關稅減免與非關稅障礙廢除，但仍有些敏感產品被排除在優惠貿易協定的適用範圍之外，特別是農產品。第三，原產地證明認定的行政成本過高、貿易金額高的產品之最惠國關稅本來就非常低，導致優惠關稅的適用範圍非常有限。第四，東亞地區的發展中國家不願意大幅度擴大服務業自由化，而已開發國家則希望大幅度擴大服務業自由化。

初步而言，東協自由貿易區的區域內貿易與區域外貿易的歧視效果有限，對非會員國的貿易影響不大。不過，目前的經濟量化模型都無法分析經濟整合協定的行政成本（原產地規則成本）、國際投資與服務貿

易的效益。即使根據較自由的條款，原產地產品也必須包含 40-50％的當地或區域自製率（local or regional value content），造成很多行政上的成本與執行困擾，甚至成為另類保護主義的形式，針對特定產業或產品進行保護。[5] 在東協自由貿易區內，各國企業要取得優惠關稅的行政成本大約為產品價格的 10-25％左右，導致東協內部貿易利用優惠關稅的比例低於 5％。[6]

反觀台灣，面對區域經濟整合體制的快速發展，台灣卻因為中國的政治阻撓，而被排除在這一波的東亞經濟整合體制之外。截至 2010 年底，台灣只有與巴拿馬、瓜地馬拉、尼加拉瓜、薩爾瓦多及宏都拉斯簽訂 FTA。然而，這些國家與台灣的貿易金額在 2010 年只占台灣貿易總額的 0.2％，對台灣經濟的整體福祉沒有太大幫助。

三、台灣的困境與挑戰

隨著東亞經濟整合的深化，最近十幾年東亞各國都展現非常積極的態度，在尋求建立區域經濟整合的制度化合作機制上，整個東亞各國協商與執行區域經濟整合協定可以說是蔚為風潮。雖然台灣是東亞各國相當重要的貿易與投資伙伴，中國的國際政治阻撓成為台灣無法參加東亞

5　Masahiro Kawai and Ganeshan Wignaraja,"Regionalism as an Engine of Multilateralism: A Case for a Single East Asian FTA," ADB Working Paper Series on Regional Economic Integration 14,2008, pp13-14.

6　Miriam Manchin and Annette O. Pelkmans-Balaoing, "Rules of Origin and the Web of East Asian Free Trade Agreements," World Bank Policy Research Working Paper 4273, 2007.

經濟整合體制的關鍵因素，使得台灣無法利用東亞經濟整合體制發展所帶來的規模經濟效應、成長機會與資源整合的契機。同時，台灣無法參加東亞經濟整合體制的歧視效應與競爭壓力更凸顯台灣市場狹隘與資源侷限的弱點，讓台灣在吸引國內與國際投資上陷入劣勢。台灣的困境來源有下列五點：

(一) 韓國對台灣的競爭壓力嚴峻

台灣的主要經濟競爭對手韓國已經簽署 9 個 FTA，包括與東協、印度、歐盟、美國、新加坡、秘魯、智利、歐洲自由貿易聯盟及哥倫比亞的 FTA，同時正在與八個經濟體洽談 FTA，包括在 2012 年 5 月 2 日啟動與中國的 FTA 談判。韓國與美國談判 FTA 只花了 15 個月，與歐盟談判 FTA 花了 27 個月。中日韓三國已在 2012 年 11 月 20 日啟動三國 FTA 談判，同時韓國參與 RCEP 談判也正式啟動。韓國正迅速邁向東亞自由貿易中心、東亞經濟平台的國家目標。

根據國貿局的資料，韓國與歐盟的 FTA 及韓國與美國 FTA 對台灣出口衝擊高達五千億台幣，占台灣出口的 6.2%。如果中日韓三國達成 FTA 協議，韓國免關稅的出口金額將占韓國出口總額的 71.7%，台灣 90% 的出口將受到韓國 FTA 的衝擊。根據經濟部的評估，中日韓自由貿易區將使台灣出口減少 0.76-1.17%（680-1,050 億新台幣），實質 GDP 減少 1.155%（1,300 億新台幣），總產值減少 4,600 億新台幣。[7]

7　經濟部，〈中國大陸、日本及韓國宣布啟動洽簽 FTA 經濟部將採措施協助業者〉，<http://www.ecfa.org.tw/ShowNews.aspx?id=516&year=all&pid=&cid=>，2012 年 11 月 22 日下載。

㈡ 中國的政治障礙仍影響其他國家與台灣談判

兩岸簽署 ECFA 並沒有化解台灣參與東亞經濟整合體制的中國政治障礙。很多國家仍面臨中國的政治壓力而不願意與台灣談判 FTA，而且台灣的主要貿易夥伴包括美國、日本與歐盟都沒有與中國簽署 FTA，他們要先於中國與台灣談判 FTA 恐怕困難度相當高。如果台灣僅與新加坡或紐西蘭簽署 FTA，對台灣經濟的效益相當有限。此外，有些東南亞國家仍憚於中國的政治壓力而不願與台灣進行 FTA 的談判，或者希望台灣能夠對他們經濟讓利。[8]

㈢ 當今馬政府缺乏政治決心推動經濟自由化

台灣政府並沒有展現推動經濟自由化的政治決心，使得台灣與其他國家談判 FTA 的速度相當緩慢。馬總統信誓旦旦希望八年內加入 TPP，但是至今仍沒有表達參與談判的意願。FTA 不是政治協議或架構協議，必須要有推動經濟開放的政治決心，而且不僅要開放貨品貿易，也要開放服務貿易、投資及其他領域。然而，馬政府仍受國內保護主義的牽絆。

㈣ 台灣的國內共識建構非常不足

台灣與紐西蘭、新加坡及中國的 FTA 談判速度非常緩慢，顯示台灣沒有充分整合內部共識與產業利益。例如，在兩岸貨品貿易協定的談

8　作者與某東南亞國家駐台代表的對話，2010 年 7 月 5 日。

判方面，根據政府公開的訊息[9]，台灣政府至今只有在 2012 年 6 月底召集 170 位業者就 ECFA 後續降稅需求進行交流與討論，卻沒有與業界進行全面性溝通，凸顯台灣內部共識與利益整合相當不足。

㈤ 中國要求兩岸經濟交流必須平等互惠

在 2007 年的中共十七大政治報告中，中共強調凡是對「台灣人民」、「維護臺海和平」、「促進和平統一」有利的事情都會去推動；但在 2012 年 11 月十八大政治報告當中，中共卻說凡是對「兩岸人民」有利的事情都會努力推動。這些文字的調整明顯反映在中國商務部長陳德銘在十八大記者會上的發言，他希望台灣已對其他國家開放的產品，應該適用最惠國待遇原則對中國開放，以體現平等的原則。然而，上述台灣政府與 170 位業者就 ECFA 後續降稅需求進行交流與討論，似乎顯示馬政府還期待中國會對台灣再次讓利，而不是平等互惠的開放。

四、亞太經濟整合體制對台灣的影響

東亞經濟整合體制將促使東亞地區的市場與生產資源的整合，創造經濟整合的規模經濟效應、成長機會與資源整合效率。如果台灣無法加入東亞經濟整合體制，台灣當然無法享有這些經濟整合利益。然而，即使台灣能加入東亞經濟整合體制，台灣只不過獲得與其他東亞國家相同的經濟整合優勢，台灣是否能吸引國際投資，將決定於台灣的靜態國際比較利益或 John H. Dunning 所提出國際生產折衷典範理論的投資區位

9　請參見 <http://www.ecfa.org.tw>。

優勢，包括生產要素稟賦、國際運輸與通訊成本、經濟制度、政策誘因與效率、基礎設施、市場開放與產業群聚效應等等因素。

以下將從國際貿易與投資兩個面向具體分析亞太區域經濟整合對台灣的影響。

(一) 國際貿易的影響

從 2002 年以後，至少有十份關於亞太經濟整合協定對台灣經濟影響的「可計算一般均衡模型」（computable general equilibrium model，簡稱 CGE 模型）之量化分析，其中五份為台灣政府委託的研究計畫。根據這十份 CGE 模型的量化分析，如果台灣無法參與東協與中國自由貿易區，其對台灣 GDP 的負面衝擊都在 0.2％以下。如果台灣無法參與東協加三自由貿易區，這對台灣 GDP 的負面衝擊將較大，但大約在 2％以下。即使台灣無法參加東協加六自由貿易區，對台灣 GDP 的負面衝擊也只有 2.23％。而且，這些影響是累計的、一次性衝擊，不是每年都會發生。[10]

不過，CGE 模型無法分析經濟整合協定的行政成本（原產地規則成本），即使根據較自由的條款，原產地產品也必須包含 40-50％的當地或區域自製率（local or regional value content），造成很多行政上的成本與執行困擾，甚至成為另類保護主義的形式，針對特定產業或產品進行

---

10 童振源，《東亞經濟整合與台灣的戰略》（台北：政大出版社，2009 年），頁 65-74。

保護。[11] 例如，在東協自由貿易區內，各國企業要取得優惠關稅的行政成本大約為產品價格的 10-25％左右，導致東協內部貿易利用優惠關稅的比例低於 5％。[12]

因此，從國際貿易的角度而言，目前東亞經濟整合體制對台灣經濟利益的損害相當有限。台灣無庸太過擔心無法參與東亞經濟整合體制而「被邊緣化」的問題，因為那只不過描述台灣無法參與國際政治協商的既成事實。然而，既有的 CGE 模型或重力模型都無法分析 EIA 對於國際投資（包括國際證券投資與外商直接投資）與服務業開放（這牽涉到外商直接投資）的影響。基本上，東亞經貿關係很大一部份是由國際投資所驅動，國際投資轉向將會加劇國際貿易效應。再者，服務貿易的開放對台灣的影響將相當大，因為台灣 73％的 GDP 與 58％的就業人口在服務業。

台灣加入東亞經濟整合體制不會讓台灣與其他東亞國家在吸引國際投資的競爭上處於劣勢，但不必然會讓台灣比其他東亞國家吸引更多的國際投資。台灣參與東亞經濟整合體制會加速國際經濟分工，而這樣的分工會凸顯台灣的靜態國際比較利益；然而，相較於其他東亞國家，台灣的靜態國際比較利益有可能比其他國家更不利於吸引國際投資，使

---

11 Masahiro Kawai and Ganeshan Wignaraja.,"Regionalism as an Engine of Multilateralism: A Case for a Single East Asian FTA," ADB Working Paper Series on Regional Economic Integration 14,2008, pp13-14.

12 Miriam Manchin and Annette O. Pelkmans-Balaoing, "Rules of Origin and the Web of East Asian Free Trade Agreements," World Bank Policy Research Working Paper 4273, 2007.

台灣企業或外商可能減少對台灣的投資。例如，在兩岸的比較利益上，某些台灣企業或外商可能認為中國的經營環境優於台灣，所以台灣參與東亞經濟整合體制將有助於他們以中國而不是台灣，做為東亞地區的生產、行銷、研發與營運的平台。這也就是某些人所擔心的產業空洞化問題。

目前並沒有適當模型分析經濟整合對服務業的衝擊。以下將說明國際投資效應的實證分析結果。

(二) 國際投資的影響

根據幾項重力模型的實證分析結果，EIA 對會員國與非會員國吸引國際直接投資造成一定的衝擊。一般而言，經濟整合協定有助於會員國吸引更多的國際直接投資；特別是，內容愈來愈廣泛的 RTA 對吸引國際直接投資的影響愈來愈大。此外，幾項研究顯示，非會員國的投資轉向經濟整合區會員國內的效應雖經常出現，但並不全面。總體而言，加入區域經濟整合協定不代表會員國一定會吸引更多的國際投資，仍取決於會員國的經濟條件，包括區位優勢與投資環境。[13]

初步看來，根據統計資料，台灣被排除在東亞經濟整合體制之外對台灣吸引國際投資的影響是負面的。無論是國際直接投資或證券投資，

---

13 Florence Jaumotte, "Foreign Direct Investment and Regional Trade Agreements: The Market Size Effect Revisited," IMF Working Paper, WP/04/206, 2004.. te Velde, Dirk Willem, and Dirk Bezemer., "Regional Integration and Foreign Direct Investment in Developing Countries," Transnational Corporations Vol.15,No.2,2006,pp. 41-70. 童振源，《東亞經濟整合與台灣的戰略》，頁 83-95。

雖然外商對台灣的投資在最近幾年大幅度擴張，但是台商對外投資擴張的步伐更快。從 2000 年至 2007 年，台灣吸引的淨國際投資為負 1,058 億美元；2008-2010 年台灣吸引的淨國際投資為負 598 億美元。

為評估東亞經濟整合體制對台灣吸引國際投資的效應，筆者針對 1,019 家的台灣企業與外商進行問卷調查明顯發現，如果台灣加入東亞經濟整合體制，台灣的靜態國際比較利益或投資區位優勢傾向於讓台灣成為各類型企業在東亞地區的生產、行銷、研發與營運平台。如果台灣加入東亞經濟整合協定，台灣企業願意對台灣投資的淨比例將增加 21.6％；台灣上市上櫃公司會對台灣投資的淨比例將增加 16.5％；中國台商會對台灣投資的淨比例將增加 19.0％；台灣外商會對台灣投資的淨比例將增加 35.2％；國際投顧公司會對台灣投資的淨比例將增加 92.9％。由此可見，台灣加入東亞經濟整合體制將有助於台灣發揮優越的靜態國際比較利益或增加台灣的投資區位優勢，吸引更多的國際投資資金（見表 2-5）。

表 2-5 東亞經濟整合協定對台灣吸引國際投資的淨投資效應

投資影響	台灣企業	台灣上市上櫃公司	中國台商	台灣外商	國際投顧公司
調查樣本數	435	164	261	145	14
減少對台灣投資	4.08%	1.83%	9.78%	1.38%	0.00%
增加對台灣投資	25.66%	18.29%	28.80%	36.55%	92.86%
不會影響對台灣投資	70.26%	79.88%	61.41%	62.07%	7.14%
淨投資效應	21.58%	16.46%	19.02%	35.17%	92.86%

【註】「淨投資效應」=「增加對台灣投資」-「減少對台灣投資」。

　　傳統上，國際經濟分工決定於國際比較利益，而國際比較利益的來源決定於勞動生產力、生產要素稟賦（包括自然資源、勞動力、物質資本、人力資本、技術）、生產要素品質、規模經濟與消費型態。然而，從各國經濟發展與國際投資經驗而言，勞動力、技術與資金的流動將動態改變國際比較利益，同時也改變國際生產區位選擇與國際貿易型態。特別是，東亞各國促進技術提昇的政策干預與東亞地區的國際投資（包括資金、人才與技術）流動，形成所謂「產品生命週期理論」，從而改變東亞各國的動態國際比較利益，促進東亞各國的產業遞移與經濟快速發展。

　　從東亞經濟整合體制的發展而言，傳統的自由貿易協定已經不是當前的主流趨勢，綜合功能的經濟整合協定是各經濟體積極協商的內容。即使各國簽訂的是傳統的自由貿易協定，在國際生產要素流動逐漸自由化的背景下，它的影響層面至少已經擴散到國際投資層面，進一步影響到各國的國際經濟優勢與國際分工定位，包括區域生產、行銷、研發與營運區位的選擇。這項結果將造成資金、人才與技術的國際流動，進而動態改變該國的國際比較利益，強化與鞏固東亞經濟整合體制所創造的國際經濟分工格局，其對會員國與非會員國所造成的影響將是永久性的與持續性的。

　　不過，台灣是否參加東亞經濟整合體制牽涉到台灣與中國的經濟關係，引發中國化或全球化的爭議。以下進一步說明這項爭議的本質。

㈢ 中國化 **VS** 全球化

在台灣內部爭議最大的政治議題莫過於台灣與中國的關係。由於中國不願意放棄對台灣的武力威脅與國際打壓，所以某些人主張：台灣不應該與中國在經濟上走得太近，以避免「中國化」的危險，應該拓展「全球化」的契機，以維持台灣經濟自主性，並為台灣創造國際籌碼與戰略空間對抗中國的威脅。然而，筆者的一項研究，針對 1,019 家的台灣企業與外商之問卷調查發現，各類企業均一致建議台灣要簽訂經濟整合協定的優先對象是中國，台灣才能吸引更多的國際投資，讓台灣成為東亞生產、行銷、研發與營運的平台。（見表 4-9）也就是說，台灣要借重「中國化」的手段，才能達成「全球化」的目標；「中國化」與「全球化」是相輔相成，而不是相互對立的。

事實上，從 1980 年代末期以來，台灣是引領中國邁向「全球化」的重要推手，台灣只是一座橋，將中國整合進全球生產網絡與市場。現在，台灣則需要從中國找到「全球化」的鑰匙，利用中國龐大的市場與生產資源，提升台灣作為東亞經濟整合平台的國際經濟優勢。從過去的文獻與調查到本次調查結果，充分利用中國市場與生產資源將增加台灣吸引國際投資的優勢，將大幅強化台灣企業與外商對台灣增加投資的誘因。

如何排除中國施加台灣的國際政治障礙與活用中國提供台灣的國際經濟優勢，對台灣是一項艱鉅的挑戰。在 2007-2008 年競選總統時，馬英九期待，如果台灣能與中國取得政治妥協或善意，台灣便有機會參與東亞經濟整合體制，化解台灣遭區域經濟整合體制排除的危機。

然而，中國政府的回應卻是以中國與香港之間的較緊密經貿關係安排（Closer Economic Partnership Arrangement），來作為兩岸簽訂經濟整合協定的模式，而且完全不提台灣參與東亞經濟整合體制的議題。中國這樣的建議恐怕仍存在對台灣進行政治矮化的企圖。馬英九對於中國的「較緊密經貿關係安排」建議已經表達不能接受，認為這是「港澳模式」，擔心台灣被矮化，建議以「綜合性經濟合作協定」作為兩岸經貿關係正常化的制度性框架。同時，他提議以 WTO 或 APEC 的平台進行台灣與其他 WTO 成員協商自由貿易協定的方式。

然而，馬英九總統對中國的善意期待或一廂情願未必符合台灣的最大利益、也不見得能解決台灣被排除在東亞經濟整合體制之外的困境；也就是說，中國是台灣參與東亞經濟整合體制的最大障礙，但中國的不確定善意不見得是台灣突破困境的解決辦法。首先，在缺乏國際支援的情況下，台灣與中國進行經濟整合協定談判的條件將受制於中國的政治與經濟利益，未必符合台灣的最大國家利益；其次，台灣與其他國家談判經濟整合協定的進程將取決於中國對台灣的不確定善意。也就是說，台灣將兩岸經濟整合協定的談判籌碼授諸於中國，而且台灣參與區域經濟整合體制的主動權將受制於中國，其結果恐怕不利於台灣整體的國家利益。

接下來，本書將分析兩岸政經關係的演變。

第三章

兩岸政經關係
之演變

一、兩岸經濟交流政策之演變

回顧台灣在過去 20 年的經濟發展經驗，面對台灣經濟、東亞經濟與國際經濟結構的轉變與挑戰，台灣政府所擬定的對外經濟發展戰略方向是非常明確的，而且內部共識相當高。這項戰略方向可用三十個字來描述：發揮台灣優勢、整合國際資源、拓展世界市場、提升台灣優勢、壯大台灣經濟。在競爭激烈的全球經貿舞台上，這項戰略方向不僅是台灣生存自保之道，也是台灣發展茁壯之道。台灣沒有充足的生產資源與廣闊的市場腹地，因此必須仰賴全球資源的整合與全球市場的開拓，才能促進經濟增長與永續發展。

1978 年中國實施經濟改革開放，同時對台灣展開經濟交流的政策，希望利用台灣的資金、技術與現代化的管理經驗來促進中國經濟的發展。然而，台灣對於中國的建議回應「三不」（不接觸、不談判、不妥協）政策，禁止各項經濟交流。1984 年，台灣同意透過香港與澳門進行轉口貿易，但禁止直接通商與投資。1987 年 11 月，台灣開放人民到中國探親之後，兩岸交流逐漸從人民往來擴大到經貿投資往來。

儘管台灣在 1980 年代末期、1990 年代初期仍禁止對中國直接貿易與投資，但是台灣商人透過香港與澳門、甚至第三地對中國進行投資與貿易發展相當迅速。面對這樣的發展態勢，1990 年代初期李登輝政府只好逐步調整開放的兩岸經貿交流政策，並追認兩岸經貿發展的事實。隨著兩岸情勢的緩和，李登輝政府在 1995 年提出台灣要發展成為「亞太營運中心」的國際經濟戰略目標，包括亞太製造中心、亞太金融中心、亞太海運中心、亞太空運中心、亞太電信中心與亞太媒體中心。

然而，中國在 1995-1996 年對台灣進行文攻武嚇，而且當時的中國經濟發展缺乏穩定性，所以李登輝政府在 1996 年 9 月改變原來以中國為腹地建立「亞太營運中心」的構想，採取「戒急用忍」政策，希望減少台灣經濟依賴中國，對於台灣投資中國的資金、技術、與產業進行限制，當然也不願意推動降低兩岸經商營運成本（包括兩岸直航）與開放中國生產資源（資本、人才與技術）進入台灣的政策。因此，台灣政府限制高科技產業與基礎設施產業對中國投資，並且限制台商對中國投資的規模不能超過 5,000 萬美元。

不過，台商並沒有受到台灣政府太大的制約而停頓對中國的投資與生產體系的轉移，反而充分利用兩岸語言相同與地理鄰近的優勢，加速對中國轉移他們在台灣的生產基地，非常成功地強化他們在全球市場的競爭力。1997-1998 年的亞洲金融危機讓東南亞各國的經濟遭受重創，台商在當地的經營也受到嚴重影響。相對而言，1990 年代末期，中國經濟維持穩定快速發展，而且預期中國將很快加入世界貿易組織，中國將遵守國際經濟體制的規則與擴大開放國內市場。因此，東亞的國際經濟重心、甚至全球經濟焦點逐步轉移到中國；國際資金、技術與人才正加速大規模與史無前例地流向中國，有幾年甚至超越美國成為全球吸引國際直接投資最多的國家。

2000 年陳水扁總統執政之後，民進黨政府放棄「戒急用忍」政策，改採「積極開放、有效管理」政策。一方面，陳水扁政府希望將「限制禁止」台商投資的政策改為「因勢利導」的政策；同時，台灣即將在 2000 年前後加入世界貿易組織，讓台灣政府必須面對兩岸經貿交流更加開放的國際規範壓力。事實上，陳水扁政府的兩岸經貿政策比李

登輝政府的兩岸經貿政策已經開放很多，而且兩岸商品、資金、人員交流的速度是前所未有的。陳水扁政府對中國產品開放進口項目從53%擴大到80%、取消對中國投資上限與產業別限制、開放部份中國觀光客來台、推動小三通（建立台灣金門與馬祖與對岸港口直接通航與人員往來）、開放兩岸特定節日與功能的包機直航（見表3-1）。

表3-1　兩岸經貿交流比較：2000-2007

項目	2000 年	2007 年	備註
兩岸貿易金額	312.4 億美元	1,023.0 億美元	增加 227.5%
台灣對中國進口產品項目開放比重	53.9%	79.8%	增加 25.9 個百分點
台灣對中國（含香港）出口金額佔總出口金比重	28.2%	41.7%	增加 13.5 個百分點
台灣赴中國投資金額	26.1 億美元	99.7 億美元	增加 282%
台灣對中國投資佔對外投資比重	33.9%	60.7%	1. 增加 26.8 個百分點 2. 日本為 18.9% 3. 新加坡為 33.1% 4. 南韓為 47.4%
台灣對中國投資佔國內生產毛額（GDP）的比重	0.81%	2.15%	1. 南韓為 0.4% 2. 日本為 0.1% 3. 新加坡為 1.7% 4. 美國為 0.02%
台灣人民赴中國旅行人次	310.8 萬人次	462.8 萬人次	增加 49%
中國人民赴台灣旅行人次	11.6 萬人次	32.0 萬人次	增加 176%

【註】　日本、新加坡與南韓對中國投資佔各國對外投資的比重皆為 2005 年數據。台灣、南韓、日本、新加坡與美國對中國投資佔各國 GDP 的比重皆為 2006 年數據。

兩岸政治與軍事對峙的情勢始終讓陳水扁政府不敢採取大幅度開放的兩岸經濟政策，但是沒有緊縮已經開放的項目。上述兩岸經貿關係的快速成長很多是市場力量的推動，包括台灣對大陸投資、台灣對大陸出口、台灣赴大陸旅遊人數。兩岸經濟交流快速開放所衍生的政經風險仍造成陳水扁總統在 2006 年 1 月 1 日將「積極開放、有效管理」政策改為「積極管理、有效開放」政策，改變這項政策的重要原因之一，便是強調台灣政府必須扮演台灣經濟安全的守門人。只是，陳水扁政府並沒有限制已經開放的兩岸經濟交流項目，只是在新開放的項目審查更加審慎而已，並沒有顯著減緩兩岸經濟交流的速度。

在 2000 年陳水扁總統上台前後，東亞各國開始加速推動區域經濟整合體制的建構，加速東亞經濟的分工與合作。面對東亞經濟整合加速、中國經濟快速發展、台商加速向中國移轉的趨勢，陳水扁政府提出將台灣建構成「全球運籌管理中心」的國家發展戰略目標，包括全世界高科技製造服務中心、全球營運總部、全球創新與研發中心。事實上，馬英九總統在 2008 年 5 月上台之後，他的戰略目標也是如此，期使台灣成為「全球創新中心」、「亞太經貿樞紐」及「台商的營運總部」。可以說，即便政黨輪替執政，朝野政黨對於台灣經濟發展的全球戰略規劃目標是一致的。

2008 年以後，馬英九政府採取更加開放的兩岸經貿政策，擴大開放中國觀光客來台、建立與擴大兩岸直接通航、逐步開放中國對台灣投資、簽訂兩岸金融監理備忘錄與兩岸經濟合作架構協議（ECFA）。特別是，馬政府與中國政府在 2010 年 6 月談成 ECFA，開啟兩岸經濟交流全方位談判的議程，包括貨品貿易、服務貿易、投資、爭端解決與經濟

合作等議題。不過,馬政府對中國產品進口項目幾乎沒有進一步開放,仍維持 80％的開放幅度。

過去 30 年,兩岸經濟關係從禁止到逐步開放、再到緊密的經濟交流,主要的動力是單方的政策開放與市場力量的拉動,不是兩岸政府的協調與合作。中國已經是台灣最大的貿易與投資夥伴,而且台灣也是中國前五大貿易與投資夥伴,兩岸非常需要制度化的經濟互動與合作架構。然而,因為兩岸政治對峙的困境,兩岸在 2008 年以前幾乎無法協商建立經濟合作協議。以下便進一步說明兩岸經濟關係的演變。

二、兩岸經濟關係之演變

儘管台灣在 1980 年代末期、1990 年代初期仍禁止對中國直接貿易與投資,但是台灣商人透過香港與澳門、甚至第三地對中國進行投資與貿易發展相當迅速。伴隨著中國與台灣在 2001 年與 2002 年相繼加入 WTO 前後,陳水扁政府更進一步開放兩岸經貿交流,包括對中國產品進口項目從 53％擴大到 80％、取消對中國投資上限與產業別限制、開放中國觀光客來台、建立兩岸金門與馬祖與對岸港口直接通航與人員往來、開放兩岸特定節日與功能的包機直航。2008 年以後,馬英九政府採取更加開放的兩岸經貿政策,擴大開放中國觀光客來台、建立與擴大兩岸直接通航、逐步開放中國對台灣投資、簽訂兩岸金融監理備忘錄與 ECFA。以下說明兩岸在 2010 年 6 月簽署 ECFA 前的兩岸經濟關係演變。

(一) 兩岸貿易

　　根據行政院大陸委員會對轉口貿易的修正後，2000 年兩岸貿易額為 313 億美元，2008 年為 1,053 億美元。中國是台灣的最大貿易夥伴與出口地區。不僅如此，台灣長期對中國享有貿易順差。在 2000 年，台灣對中國的貿易順差為 188 億美元；2008 年為 426 億美元。2008-2009 年的全球金融危機對兩岸貿易往來有很大衝擊。2009 年，台灣對中國出口衰退 16.1％，從中國進口衰退 21.9％，貿易順差減少 11.7％。金融危機後，2010 年兩岸貿易金額為 1,208 億美元，台灣對中國出口大幅成長 36.6％，從中國進口擴增 28.9％，貿易順差增加 30.0％，達到 489 億美元（見圖 3-1）。

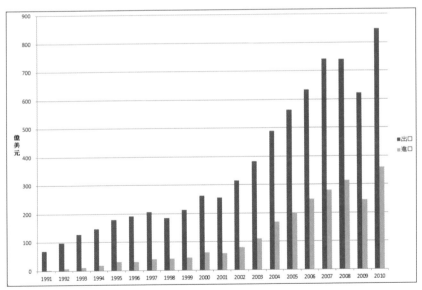

圖 3-1　兩岸進口與出口（1991-2010）

再者，隨著兩岸經貿政策的開放，台灣逐步對中國開放進口商品之項目。在國民黨政府戒急用忍政策之下，從 1996 年至 2000 年台灣對中國開放進口商品的幅度維持在 53-57％。陳水扁政府改採「積極開放、有效管理」的政策，2000-2002 年台灣開放的幅度從 56.5％竄升到 75.8％，一直到 2008 年才再升高到 80.0％。馬英九總統上台後，幾乎沒有進一步開放大陸進口項目。截至 2010 年 10 月底，台灣對中國開放 8,643 項進口產品，但仍限制 2,247 項產品進口，包括農產品 880 項與工業產品 1,367 項（見表 3-2）。

表 3-2　中國進口商品之管理演變：1988-2010　　　　　　　單位：％

年度	1988	1990	1992	1994	1996	1998	2000	2002	2004	2006	2008	2010
開放幅度	0.2	1.7	4.8	18.2	52.6	54.0	56.5	75.8	78.3	79.5	80.0	79.4

資料來源：經濟部國際貿易局。

兩岸貿易充分反應產業內貿易的特性，而且凸顯由台灣對中國投資所驅動的兩岸貿易結構。台灣對中國出口主要是中間財與資本財為主，大部分產品在中國加工之後再出口到其他先進國家。台商在中國投資所需機械設備、原材料、半成品、零組件自台灣採購的情形相當普遍，尤其是投資初期；另一方面，台商在中國製造的半成品、零組件等回銷台灣的情形也愈來愈多。總而言之，兩岸貿易的格局主要是，投資帶動兩岸貿易發展，從而促進兩岸產業分工與經濟整合。

(二) 兩岸投資

截至 2007 年底，台灣經濟部投審會公佈台商在中國直接投資（FDI）的金額為 648.7 億美元。2008 年 5 月馬總統執政後，台灣對中國投資加速，2008 年為 106.9 億美元，同比增加 128％；2009 年為 71.4

億美元，受全球金融危機的影響而比 2008 年減少 33％；2010 年增加到
122.3 億美元，同比增加 102％。累計至 2010 年底，台灣對中國投資共
計 973.2 億美元，占台灣全部對外投資的 59.7％。特別是，馬總統上台
將近三年期間台灣對中國投資的金額占累計 23 年台灣對中國投資金額
的比重高達 50％。

由於兩岸政治上的特殊關係，台灣政府對台商赴中國直接投資有
嚴格的限制，導致許多台商以迂迴的方式，將資金匯往第三地註冊控
股公司，再對中國進行直接投資。但投審會並無法完全掌握這些經第
三地迂迴投資的資金。根據筆者的推估，1997 年以前，台商經香港轉
投資的金額，約佔香港對中國直接投資金額的 33％，並且逐年遞減；
1997 年以後，台商經英屬維京群島及開曼群島等地轉投資中國的比重
為 70％。據此估算，2010 年底台商累計對中國投資 1,897 億美元（見
圖 3-2）。

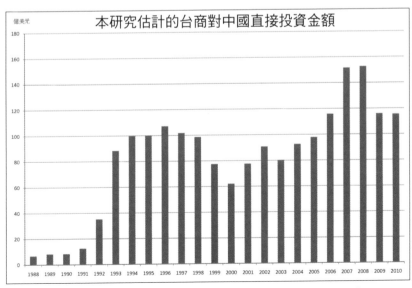

圖 3-2　估計歷年台商對中國直接投資的金額：1988-2010 年

關於中國對台灣投資方面，雖然陳水扁政府時期有開放中資來台投資房地產，但是因為配套措施不足，所以中資來台只有幾項個案。在馬總統執政之後，開放 247 項中資可來台投資項目，包括製造業 89 項，服務業 138 項，公共建設 20 項。但是，馬政府對於高科技產業與某些敏感產業仍沒有開放，而且對於中資在某些產業設定持股上限。因此，2009 年下半年，中資來台僅僅三千七百萬美元，2010 年也只有九千四百萬美元，僅占台灣當年吸引外資的 2.1%。累計到 2010 年底，中資來台共計一億三千二百萬美元，僅占中國對外投資的 0.05%。這顯示，中資來台投資仍然敏感，馬政府的配套措施仍然不足，而且中國可能對台投資的潛力仍相當大。

(三) 兩岸匯款

由於台灣從 2001 年 7 月開始辦理國際金融業務分行對中國匯出匯入款業務，所以兩岸匯款金額統計在 2001 年以後會比較完整。2002 年台灣匯到中國的金額為 136 億美元，2003 年為 396 億美元，2006 年達到 1,289 億美元，2010 年前十一個月達到 2,243 億美元。相對的，中國匯到台灣的金額從 2002 年的 48 億美元增加到 2008 年的 1,192 億美元，2010 年前十一個月達到 1,339 億美元。兩岸資金往來相當不對稱，2002 年台灣的資金往來逆差為 88 億美元，2005 年達到 514 億美元，2010 年前十一個月已經達到 905 億美元。不過，兩岸資金往來並不全然在兩岸之間進行，有時是透過第三地進行，但是沒有全面性的統計與調查，以致我們對於兩岸資金往來真相一直存在盲點（見圖 3-3）。

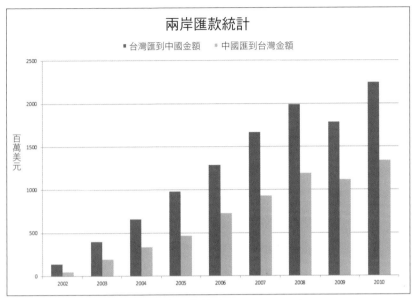

圖 3-3　兩岸匯款統計：2002-2010 年

㈣ 兩岸人員往來

　　台灣在 1987 年開放探親之後，台灣人民前往中國訪問或旅遊的人數便急遽增加，幾乎每五年便增加一百萬人次。1988 年，台灣便有將近 44 萬人次前往中國旅遊，1992 年一舉突破 131 萬人次，1997 年突破 211 萬次，2000 年突破 310 萬人次，2005 年突破 410 萬人次，2010 年突破 514 萬人次。台灣政府的統計並沒有區別觀光旅遊與商務交流，有相當大一部份的台灣旅客應該是與台商在中國的經營活動相關而往來兩岸之間。相對的，中國來台灣的人數一直到 2009 年才有明顯增加，之前都維持在 32 萬人次以下。2009 年中國來台人數突破 106 萬人次，其中 60 萬人次是觀光旅遊；2010 年中國來台人數突破 158 萬人次，其中 119 萬人次是觀光旅遊。累計到 2010 年底，台灣前往中國的人數高達

6,142 萬人次，中國來台灣的人數只有 480 萬人次，兩者差距 5,662 萬人次（見圖 3-4）。

圖 3-4　兩岸人民往來人數：1988-2010 年

　　由上面統計數據來看，兩岸貿易、投資、資金與人員交流快速增長，但是嚴重不平衡、不對稱。台灣對中國存在嚴重貿易順差，但是台灣還限制 20％的中國商品項目進口；台灣對中國存在嚴重投資逆差，但台灣仍嚴格限制中國對台灣投資；台灣在兩岸資金往來也存在嚴重逆差；台灣對中國存在人員往來逆差，大量台灣人才前往中國工作，大量消費亦流到中國。因此，兩岸不僅應該推動制度性的經濟互動與合作機制，而且還應該促進兩岸資源的雙向流動，而不是台灣的資源片面流向中國，同時應該善加利用中國資源與市場推動國際資源流入台灣。

　　面對台灣無法加入東亞經濟整合體制，以及兩岸經濟資源不對稱流動的情勢，在 2008 年 5 月馬英九就任總統之後的第一場國際記者會上，他明確指出，如果台灣無法加入東亞經濟整合協定，台灣經濟在未來將會被邊緣化。因此，馬英九政府在 2009 年 2 月底提出兩岸簽署「經濟合作架構協議」（ECFA，economic cooperation framework agreement）的藥方，希望能避免台灣經濟被邊緣化，並且開啟台灣加入東亞經濟整合協定的大門。

三、馬總統的解決方案：ECFA

　　2007 年 6 月 4 日與 10 月 24 日，馬英九在競選總統時兩度提出兩岸應該簽署「經濟合作協議」，但並沒有詳細說明內容。2008 年 2 月 28 日的中選會政見發表會上與 3 月 9 日總統大選辯論會後的記者會上，馬英九正式提出兩岸應該協商「綜合性經濟合作協定」，內容包括投資保障、避免雙重課稅與直航等。

　　在當選總統後，2008 年 4 月 23 日，準總統馬英九在麥格理證券台灣投資論壇上向外資法人說明，他希望與中國簽訂類似 FTA 的經濟合作協定（economic cooperation treaty），以解決目前兩岸雙重課稅與雙邊投資保障問題。這是馬總統第一次提到兩岸經濟合作協定是類似 FTA，但卻強調要解決雙重課稅與投資保障問題。在就任總統之後，6 月 18 日馬總統向台灣工商界表示，兩岸必須簽訂「綜合經濟協定」，才能促進兩岸經濟關係正常化，然而他並沒有解釋「綜合經濟協定」的內容。

　　從 2008 年 6 月以後便很少聽到馬總統提到兩岸「綜合性經濟合作協定」，但是海峽交流基金會（海基會）董事長江丙坤卻非常積極宣傳這項概念，而且中國國民黨與中國共產黨在當年 12 月下旬舉辦的國共論壇針對這項協議進行討論。直到 12 月 31 日，中國國家主席胡錦濤在他的胡六點當中正式回應兩岸可簽訂「綜合性經濟合作協議」，台灣政府才比較積極地提出簽訂這項協議的規劃。

　　2009 年 2 月 19 日馬總統接受媒體專訪時表示，兩岸經濟關係要正常化，兩岸必須簽訂「綜合性經濟合作協定」（CECA，comprehensive economic cooperation agreement），包括關稅減讓、投資保障、避免雙重課稅等議題。在 2 月 21 日的總統府內部會議上，馬總統卻又說，在「以台灣為主、對人民有利」前提下，就兩岸簽訂「綜合性經濟合作協定」名稱、方式、內容等廣徵各界意見，歡迎在野黨參與討論，尋求台灣社會最大共識。也就是說，馬總統尚未確定 CECA 的內容，需要廣徵各界意見，同時必須與在野黨討論，以取得社會共識。

　　到了 2009 年 2 月 27 日，馬總統接受媒體專訪時又將 CECA 更名為「經濟合作架構協議」（ECFA）。同時，他表示，在 WTO 廣義的架構下，兩岸間簽訂協議的主要目的是希望能發揮類似 FTA 功能，內容則涵蓋得很廣泛，包括關稅、非關稅、投資保障、避免雙重課稅、智慧財產權保護、爭端解決機制等。馬總統甚至更具體地說，為了因應東南亞國協（東協）與中國形成自由貿易區（東協加一）對台灣產業的影響，兩岸可以先針對石化、汽車零件、紡織或是機械工業進行關稅減讓的談判，但是中國勞工與農產品絕不開放進入台灣。

根據經濟部 2009 年 4 月 6 日公布的《ECFA 答客問》，ECFA 的草案內容包括商品貿易（含關稅和非關稅）、服務貿易、投資保障、智慧財產權、防衛措施、經濟合作、及經貿爭端解決機制等。行政院大陸委員會（陸委會）在 4 月 7 日公布的《ECFA 政策說明》中，再加上避免雙重課稅、商品檢驗檢疫與貿易便捷化，且認為 ECFA 是兩岸經貿正常化的必經路線。綜合當時馬政府提出的內容判斷，ECFA 是一個架構協議，初期只有針對石化、汽車零件、紡織與機械工業進行關稅減讓，至於其他貿易自由化與經濟合作內容則是兩岸逐步談判確立。

不斷改變 CECA/ECFA 內容的結果，造成朝野的爭議與民眾的疑慮。根據 TVBS 在 2009 年 3 月 11 日公布的民調結果，71％的民眾不知道 ECFA 是什麼，44％的民眾對馬政府與中國簽訂 ECFA 時保障台灣利益沒有信心，僅有 35％是具有信心。根據民主進步黨（民進黨）在 3 月 13 日公布的民調結果，44.7％的民眾不知道 CECA/ECFA，只有 44.1％的民眾知道；70.7％的民眾擔心兩岸經濟合作將造成中國產品傾銷台灣與台灣失業的問題。ECFA 不僅是名稱的問題，更牽涉到兩岸經濟整合協定的內容與推動的策略。經過一年多的溝通與協商，兩岸於 2010 年 6 月 29 日簽署 ECFA，並在 2011 年初啟動四項後續協議談判，包括貨品貿易、服務貿易、投資及爭端解決。

下一章將詳細檢視 ECFA 的內容，並且分析 ECFA 所產生的爭議。

第四章

兩岸經濟合作架構協議之內容與爭議

一、兩岸經濟合作架構協議的內容

ECFA 共分為 5 章 16 條暨 5 項附件，涉及廣泛的經貿議題，包括貨品的降免稅、服務業的市場開放、雙方投資的促進與保障、智慧財產權的保護以及經濟產業的合作等領域。ECFA 是一個架構協議，主要包括三方面：早期收穫計畫、未來談判議題及雙方合作與協商機制。早期收穫清單的產品將在三年內降為零關稅，但是暫時原產地規則要求適用零關稅產品的附加價值比例必須符合 40-50％的比例。ECFA 生效後，接下來有關貨品貿易協議、服務貿易協議、投資協議、爭端解決等 4 項協議在 6 個月內啟動協商。此外，兩岸同意成立經濟合作委員會處理與協商 ECFA 後續議題相關事宜。

在貨品貿易早期收穫的內容，兩岸開放幅度不對稱，中國同意台灣 539 項貨品列入早期收穫清單，包括 18 項農漁產品，金額達 138.4 億美元（佔 2009 年台灣出口中國總金額的 16.1％），而且中國主動提議開放農漁產品給台灣；台灣同意中國 267 項產品列入早期收穫清單，金額達到 28.6 億美元（佔 2009 年台灣自中國進口總金額的 10.5％）。不僅如此，最近幾年，台灣每年對中國擁有貿易順差大約四百億美元，但台灣卻違反世界貿易組織的規定，片面限制從中國進口的 2,249 項產品。相較之下，在中國與東協的早期收穫計畫中，中國對東協開放 593 項產品，僅占東協對中國出口金額的 1.7％，東協對中國開放 400 項，僅占中國對東協出口的 2.1％。

在服務貿易早期收穫清單，中國同意對台灣開放 11 項，包括金融服務業 3 項、非金融服務業 8 項，台商將享有較韓國、日本、歐美等其

他 WTO 會員優惠條件。中國允許台灣服務項目包括：會計師臨時許可證有效期由半年延長為一年；獨資軟體服務業提供服務；進行科學與工程學研發；提供會議服務；提供專業設計服務；取消台灣華語電影片進口配額限制；設立合資、合作或獨資醫院；投資中國航空器維修領域；允許台灣保險公司組成集團；銀行業營業項目的優惠與便利；給予證券期貨業便利。

台灣同意對中國開放 9 項，包括金融服務業 1 項與非金融服務業 8 項。台灣允許中國的服務項目包括：研發服務；會議服務；合辦展覽服務；特製品設計服務；允許中國 10 部華語電影在台映演；經紀商服務；運動休閒服務；空運服務業電腦定位系統；銀行設立分行優惠待遇（見表 4-1）。

表 4-1　兩岸早期收穫清單

	農產品項目	貨品貿易項目	服務貿易項目
台灣得到	18 項	石化產品 88 項 運輸工具 50 項 機械產品 107 項 紡織產品 136 項 其他產品 140 項	銀行 1 項（6 細項） 證券期貨 1 項（3 細項） 保險 1 項 非金融業 8 項
	計 18 項	計 521 項	計 11 項
台灣給予	--	石化產品 42 項 運輸工具 17 項 機械產品 69 項 紡織產品 22 項 其他產品 117 項	銀行 1 項 非金融業 8 項
	計 0 項	計 267 項	計 9 項

資料來源：中華民國經濟部，〈ECFA 早收清單的內容為何？何時生效？〉<http://www.ecfa.org.tw/ShowFAQ.aspx?id=70&strtype=-1&pid=7&cid=15>，2012 年 8 月 7 日下載。

針對兩岸經濟合作架構協議的簽署，台灣朝野政黨有非常不同的看法。以下先說明馬英九政府對 ECFA 效益的評估，其次再闡述 ECFA 的經濟與政治爭議。

二、兩岸經濟合作架構協議效益的政府評估

台灣經濟部委託中華經濟研究院（簡稱「中經院」）進行 ECFA 的經濟效應評估，結論是：一、如果維持既有 2,249 項農工產品管制、已開放的農工產品自由化、中國商品全面零關稅的前提下，兩岸簽訂 ECFA 對台灣經濟成長率累計增加 1.65%；二、如果維持既有 875 項農產品管制、其他工業產品解除進口管制且自由化、中國商品全面零關稅的前提下，兩岸簽訂 ECFA 對台灣經濟成長率累計增加 1.72%。[1]

中經院的評估報告指出，雖然 ECFA 對台灣經濟的總體影響為正，但對各產業有得有失。ECFA 可能造成生產增加的產業包括：化學塑膠橡膠業（約 14.6%）、機械業（約 14.0-14.3%）、紡織業（約 15.7-15.8%）、鋼鐵業（約 7.7-7.9%）與石油及煤製品業（約 7.7~7.8%）。相對的，ECFA 可能造成生產減少的產業包括：電機及電子產品業（約減少 7.2%）、其他運輸工具業（約減少 3.5-3.6%）、木材製品業（約減少 4.0%）。

---

1 中華經濟研究院，〈「兩岸經濟合作架構協議之影響評估報告」報告〉簡報檔案，2009 年 7 月 29 日，<http://www.ecfa.org.tw/EcfaAttachment/ECFADoc/05.pdf>，2009 年 7 月 30 日檢索。

　　在就業影響方面，中經院用「可計算一般均衡模型」（computable general equilibrium model）對各產業的上述模擬結果，再串連台灣一般均衡模型包括 2007 年台灣 161 部門的產業關聯表，資料依總體成長率更新至 2008 年，評估 ECFA 對台灣總就業人數可望增加 25.7-26.3 萬人。此外，中經院利用簡單迴歸模型，推估若兩岸簽訂 ECFA，台灣未來 7 年可能增加的外商直接投資（FDI）流入規模將達 89 億美元。

圖 4-1　馬政府對於 ECFA 整體經濟效益的評估

資料來源：中華民國經濟部，〈簽訂兩岸經濟合作架構協議之效益〉，<http://www.ecfa.org.tw/ShowTotalProfit.aspx?pid=8&cid=33>，2013 年 11 月 24 日下載。

　　在兩岸簽訂 ECFA 二天之後，馬總統在 2010 年 7 月 1 日召開記者會，認為 ECFA 是台灣經濟發展的新契機，冀望 ECFA 能打開台灣參與東亞經濟整合體制的大門，讓台灣可以與其他國簽署自由貿易協定（FTA），提升台灣對中國出口的競爭力，創造更多國內投資與吸引更

多外商投資台灣，台灣很可能成為各國企業進軍中國的跳板。[2] 馬總統對於 ECFA 的預期效應已經超過中經院的評估範圍，因此在第五章將以此檢討 ECFA 的綜合成效。

圖 4-2　經濟部對 ECFA 效益的宣傳

資料來源：中華民國經濟部，<http://www.ecfa.org.tw/DmadList.aspx?pagenum= 2&pid=10&cid=40>，2013 年 11 月 24 日。

2　中華民國總統府，〈總統偕同副總統舉行「台灣新契機，亞洲新時代 - 關鍵時刻，正確選擇」記者會新聞稿〉，2010 年 7 月 1 日，<http://www.president.gov.tw/Default.aspx?tabid=131&itemid=21895&rmid=514>，2011 年 5 月 1 日檢索。

三、兩岸經濟合作架構協議的經濟爭議

2009 年 2 月 27 日，馬總統表示，「東協加一」（東協與中國自由貿易區）一旦成立，台灣的石化、電子零件、紡織、工具機械銷到中國的產品立刻要面對 6.5％的歧視關稅，台灣的廠商將失去競爭力，會面臨關廠、遷廠的問題。然而，比較台灣與東協十國對中國出口的前一百大產品，扣除「東協加一」列為敏感性產品，只有 7-21 項重複，而南韓是 61 項，日本是 46 項。也就是說，台灣在中國的主要競爭對手是南韓與日本，不是東協；「東協加一」對台灣貿易的影響應該沒有太嚴重。[3]

其次，馬總統引述了中華經濟研究院（中經院）的估計，東協與日本、南韓及中國形成自由貿易區（東協加三）後，台灣會失掉 11 萬 4 千個工作機會；國內生產毛額會下降近一個百分點。然而，台灣目前面對的困境是「東協加一」，而不是「東協加三」。「東協加三」自從 2001 年被提出至 2010 年中，仍處於建議與研究階段，尚未進入正式協商，而且東協與日本並不積極推動此項協定。

當年民進黨政策會在 2010 年 3 月初公布一份評估報告，ECFA 的就業效應與馬總統的評估結果幾乎完全不同。該報告指出，若簽署 CECA 或 ECFA，台灣產能增加的產業主要是紡織、塑化、石油製品業，萎縮的主要是汽車以外的運輸工具（如自行車、機車、船舶等）、非鐵金屬（鋁、銅等）、電機及電子產品、成衣及皮革製品等。政策

3　洪財隆〈兩岸簽署 ECFA（CECA）的玄機與時機〉，發表於「民間國事會議」，
　　2009 年 4 月 11 日。

會根據中經院 2005 年及主計處 2006 年台灣產業「產出變動」、「出口變動」以及「工商普查」的相關數據，依產能萎縮比例推估計算，屆時台灣的失業人口將至少增加 12 萬 2,908 人，主要集中在電機電子業（58,855 人）、農牧業（21,643 人）、非鐵金屬及加工製造業（10,598人）。

在學術界與實務界，事前評估貿易自由化效應的模型主要是可計算一般均衡（CGE）模型。根據多個 CGE 模型的量化分析，如果台灣無法參與「東協加一」，對台灣 GDP 的負面衝擊都在 0.2％以下。如果台灣無法參與「東協加三」，對台灣 GDP 的負面衝擊將較大，但大約在 2％以下。即使台灣無法參加「東協加六（日本、南韓、中國、澳洲、紐西蘭及印度）自由貿易區」（亦即現在的 RCEP），對台灣 GDP 的負面衝擊只有 2.23％（見表 4-2）。

此外，既有的東亞經濟整合協定大致都維持外向開放的特性，其特徵包括最惠國待遇關稅大幅降低、優惠關稅涵蓋面有限、執行優惠關稅歧視性待遇（原產地規定）的行政成本很高。以東協自由貿易區為例，優惠關稅的行政成本大約 10-25％的商品價格，自由貿易區的歧視效應對非會員國貿易的衝擊並不大；如果優惠關稅沒有比最惠國關稅低 25個百分點，優惠關稅對國際貿易的影響不顯著。以「東協加一」對台灣石化、電子零件、紡織、工具機械的歧視關稅為 6.5％而言，「東協加一」對台灣廠商的實質歧視效應，應該不顯著。

表 4-2　台灣無法加入各種東亞經濟整合協定對台灣之影響　　　單位：%

協定範圍	模擬情境	對 GDP 影響	研究來源
東協	自由化（靜態）	-0.004	顧瑩華等人（2004）
	自由化（動態）	-0.065	
	便捷化（靜態）	-0.002	
	便捷化（動態）	-0.028	
	自由化＋便捷化（靜態）	-0.006	
	自由化＋便捷化（動態）	-0.100	
	自由貿易區	-0.020	黃兆仁等人（2004）
	自由貿易區	-0.02	詹滿容等人（2004）
東協加一（中國）	自由化（靜態）	-0.009	顧瑩華等人（2004）
	自由化（動態）	-0.137	
	便捷化（靜態）	-0.004	
	便捷化（動態）	-0.046	
	自由化＋便捷化（靜態）	-0.013	
	自由化＋便捷化（動態）	-0.196	
	自由貿易區	-0.040	黃兆仁等人（2004）
		-0.04	詹滿容等人（2004）
		-0.19	Kun-Ming Chen 等人（2004）
		-0.08	Jun Ma 等人（2002）
		-0.0260	陳麗瑛等人（2005）
	商品關稅取消＋服務貿易自由化＋貿易便捷化	-0.49	Masahiro Kawai 等人（2008）
東協加日本	自由貿易區	-0.09	Jun Ma 等人（2002）
	商品關稅取消＋服務貿易自由化＋貿易便捷化	-0.21	Masahiro Kawai 等人（2008）

協定範圍	模擬情境	對 GDP 影響	研究來源
東協加南韓	商品關稅取消＋服務貿易自由化＋貿易便捷化	-0.09	Masahiro Kawai 等人（2008）
東協加三（日本、南韓、中國）	自由化（靜態）	-0.035	顧瑩華等人（2004）
	自由化（動態）	-0.730	
	便捷化（靜態）	-0.014	
	便捷化（動態）	-0.217	
	自由化＋便捷化（靜態）	-0.050	
	自由化＋便捷化（動態）	-0.982	
	自由貿易區（中日韓未成立自由貿易區）	-0.100	黃兆仁等人（2004）
		-0.1	詹滿容等人（2004）
	自由貿易區（中日韓成立自由貿易區）	-0.160	黃兆仁等人（2004）
		-0.16	詹滿容等人（2004）
	自由貿易區	-1.08	Kun-Ming Chen 等人（2004）
		-0.0713	陳麗瑛等人（2005）
		-0.25	Jun Ma 等人（2002）
	商品關稅取消＋服務貿易自由化＋貿易便捷化	-2.03	Masahiro Kawai 等人（2008）
東協加美國、中國、日本、南韓	自由貿易區	-0.50	Jun Ma 等人（2002）
東協加六（日本、南韓、中國、澳洲、紐西蘭與印度）	商品關稅取消＋服務貿易自由化＋貿易便捷化	-2.23	Masahiro Kawai 等人（2008）
中、日、韓	自由貿易區	-0.71	Kun-Ming Chen 等人（2004）
中、港		-0.15	
日、新		-0.02	
日、韓		-0.08	

資料來源：童振源，《東亞經濟整合與台灣的戰略》（台北：政大出版社，2009），頁 96-97。

　　雖然 CGE 模型提供貿易自由化前的模擬分析，以便事前評估經濟整合協定的預期效應，但是根據 Roberta Piermartini 與 Robert Teh 對 CGE 模型建構方法的評估，CGE 模型的模擬數據結果應該只能當作政策變動對經濟福祉影響的幅度。這些數據仍需要透過重力模型分析貿易自由化後的實際數據，來釐清經濟整合協定的實際效果，以增加對這些模擬數據結果的信心。[4] 根據貿易自由化的事後實際數據分析，絕大部分對既有東亞經濟整合協定進行重力模型（gravity model）分析的結果都顯示，東亞經濟整合協定並沒有產生所謂的「貿易轉向」效果，沒有對非會員國（台灣）造成負面影響，或影響程度相當有限。[5]

　　根據上述數據便要證明台灣經濟已經被邊緣化太過勉強。而且，兩岸簽訂經濟整合協定對台灣經濟的幫助不大，多邊經濟整合協定對台灣經濟的正面效益要大很多。根據經濟部在 2005 年委託中華經濟研究院的研究報告，根據 CGE 模型的模擬結果，兩岸經濟整合對台灣 GDP 只會增加 0.1634％。如果全球貿易體制能夠完全自由化，對台灣最有利，台灣 GDP 將因此而增加 4.54％；全面性的東亞經濟整合協定（東協加台灣、南韓、日本、中國與香港的自由貿易區）大致可以為台灣 GDP 增加 3％以上（見表 4-3）。

4　Roberta Piermartini and Robert Teh, "Demystifying Modeling Methods for Trade Policy," WTO　Discussion Paper, No. 10, 2005.

5　童振源，《東亞經濟整合與台灣的戰略》（台北：政大出版社，2009），頁 78-82。

表4-3　台灣加入各種東亞經濟整合協定對台灣之影響　　　　　　單位：%

協定範圍	模擬情境	對 GDP 影響	研究來源
台、韓		0.289	Kun-Ming Chen 等人（2004）
台、日		1.57	
台、美		1.63	
台、美		0.3	US International Trade Commission（2002）
台、美		0.3	John Gilbert（2003）
台、美		0.8	中華經濟研究院（2002）
台、中	自由貿易區	0.1634	陳麗瑛等人（2005）
台、中、港		2.04	Kun-Ming Chen 等人（2004）
東協加台灣、中國		0.1673	陳麗瑛等人（2005）
東協加台灣、日本、南韓與中國		0.1145	
東協加台灣、香港、日本、南韓與中國		3.42	Kun-Ming Chen 等人（2004）
		3.28	詹滿容等人（2004）
全球貿易自由化		4.54	Kun-Ming Chen 等人（2004）

資料來源：童振源，《東亞經濟整合與台灣的戰略》（台北：政大出版社，2009），頁98。

　　然而，東亞經濟整合體制對台灣影響較大的可能不是國際貿易層面，而是國際投資層面。而且很多台灣的對外貿易是對外投資所驅動，所以國際投資改變將進一步造成國際貿易的影響，形成複合效應。理論上，經濟整合協定的規模效應、成長機會與資源整合的優勢，將增加經濟整合區內本地商人與外商擴大投資當地的誘因；同時，經濟整合區的歧視待遇與競爭壓力可能降低本地企業與外商對經濟整合區外國家的投資。

　　台灣無法參加東亞經濟整合體制的歧視效應與競爭壓力將凸顯台灣市場狹隘與資源侷限的弱點，讓台灣在吸引國際投資上陷入劣勢。例如，當「東協加一」自由貿易區即將在 2010 年生效，石化產業便不斷表示，台灣再沒有辦法加入東亞經濟整合體制，只有逼他們外移到其他國家投資。金仁寶董事長許勝雄強調，許多台灣硬體製造業仍以台灣為主要生產基地，台灣無法加入「東協加一」，他們很可能會直接到其他東亞國家投資。全國工業總會秘書長蔡練生也表達同樣的憂慮，認為貿易歧視將使台灣企業外移到中國或東南亞。

　　事實上，從 2000 年至 2007 年，台灣吸引的淨國際投資為負 1,074 億美元（見表 4-4）。這不僅是台灣資金大舉淨流出，而且是伴隨著台灣人才、技術與消費力的嚴重外流，這對台灣經濟發展是相當嚴重的傷害。更殘酷的是，東亞經濟整合體制所帶動的國際生產資源（資金、人才與技術）的外流正在結構性地改變台灣的動態國際比較利益、侵蝕台灣的國際競爭力，造成台灣永久性與持續性的傷害。

表 4-4　台灣的國際投資概況：2000-2007　　　　　　　　單位：億美元

投資類別	外商投資台灣	台商投資外國	淨國際投資
直接投資	571	838	-267
證券投資	1,321	2,128	-807

【註】「淨國際投資」＝「外商投資台灣」-「台商投資外國」。
資料來源：童振源，《東亞經濟整合與台灣的戰略》（台北：政大出版社，2009）。

　　根據筆者在 2006-2008 年對 1,019 家台灣企業與外商的問卷調查，如果台灣無法加入東亞經濟整合協定，26-35％的受訪台灣企業與外商會減少對台灣投資；如果台灣加入東亞經濟整合協定，23-37％的受訪台灣企業與外商會增加對台灣投資；如果兩岸簽訂經濟整合協定，30-41％的受訪台灣企業與外商會增加對台灣投資。這些數據是非常驚人的（表 4-5）[6]。

表 4-5　經濟整合協定對台灣吸引國際投資的淨投資效應之綜合比較

企業類別	樣本數	無法加入東亞經濟整合協定	加入東亞經濟整合協定	兩岸經濟整合協定
台灣母公司	435	-26.06%	21.58%	27.75%
台灣上市上櫃公司	164	-17.68%	16.46%	29.87%
中國台商	261	-33.70%	19.02%	25.54%
台灣外商	145	-17.24%	35.17%	37.93%
國際投顧公司	14	-78.57%	92.86%	85.72%
平均	1,019	-34.65%	37.02%	41.36%
加權平均	1,019	-26.13%	23.01%	29.77%

【註】「平均」是指各類企業之平均淨投資效應；「加權平均」是指按照樣本數進行加權平均之淨投資效應。

資料來源：童振源，《東亞經濟整合與台灣的戰略》（台北：政大出版社，2009），頁 349。

6　本研究對台灣母公司與台灣外商是隨機抽樣調查，台灣上市上櫃公司則全部調查，中國台商是按照台商投資中國各地區的家數比重調查，國際投顧公司的調查對象是在台灣有投資或有興趣投資的公司。這些回覆資訊應該大致反應這些公司投資台灣的決策趨勢，但可能無法代表在具體情境下的實際決策。再者，投資決策將受到很多變數的影響，台灣是否加入東亞經濟整合體制只是其中一項因素。因此，本項調查結果只是台灣企業與外商對於台灣是否加入東亞經濟整合體制的投資決策之邊際影響。

再者，如果台灣無法加入東亞經濟整合協定，東亞經濟整合體制對各類企業形成的歧視效果與競爭壓力，及各類企業無法利用區域經濟整合體制的規模效應、成長效應與資源整合優勢，都是他們減少對台灣投資的原因（詳 P.74 的表 4-6）。相對的，台灣加入東亞經濟整合協定與兩岸簽訂經濟整合協定都有助於台灣成為東亞地區的生產、行銷、研發與營運平台而吸引各類型企業增加對台灣投資（詳 P.75~76 的表 4-7、4-8）。也就是說，台灣加入東亞經濟整合協定與兩岸簽訂經濟整合協定將有助於台灣達成「全球運籌管理中心」與「亞太經貿樞紐」的經濟發展戰略目標。

固然台灣與中國簽訂經濟整合協定對台灣經濟整體是有利的，但是仍必須考慮台灣經濟結構調整的成本。馬總統在 2009 年 2 月 27 日接受媒體專訪時表示，「對台灣有利的開放，對台灣不利的，暫時不開放。」馬總統強調，不利的部分，如中國勞工、農產品，絕不開放。馬政府似乎認定，中國一定會對台灣讓步比較多，而且台灣至少可以不開放中國勞工與農產品進入台灣。但是，中國為何要片面對台灣產業開放，而不是要求對等開放？如果不同意，兩岸是不是便放棄協商 ECFA？這牽涉到台灣整個談判策略的規劃。

表 4-6　台灣無法加入東亞經濟整合協定對各類企業減少投資台灣之原因

減少投資台灣之原因	台灣母公司	台灣上市上櫃公司	中國台商	台灣外商	國際投顧公司	平均	加權平均
避免受到區域整合市場的內外貿易歧視（包括關稅與非關稅）	47.24%	54.55%	38.61%	41.94%	54.55%	47.38%	44.88%
無法在區域整合市場中與其他公司競爭	66.93%	54.55%	42.57%	54.84%	54.55%	54.69%	55.78%
無法利用區域整合市場的經濟規模效益	51.97%	48.48%	17.82%	51.61%	63.64%	46.70%	40.59%
不利於生產資源與營運活動的整合	50.39%	42.42%	28.71%	32.26%	36.36%	38.03%	39.93%
無法善加利用區域整合市場的成長機會	45.67%	39.39%	25.74%	51.61%	54.55%	43.39%	39.27%
其他	3.15%	6.06%	2.97%	12.90%	0.00%	5.02%	4.29%
回答家數	127	33	101	31	11	303	303

【註】本題為複選題。「平均」是指各類企業之平均比例；「加權平均」是指按照樣本數進行加權平均之比例。

資料來源：童振源，《東亞經濟整合與台灣的戰略》（台北：政大出版社，2009），頁350。

表 4-7　台灣加入東亞經濟整合協定對各類企業增加投資台灣之原因

增加投資台灣之原因	台灣母公司	台灣上市上櫃公司	中國台商	台灣外商	國際投顧公司	平均	加權平均
有利於以台灣為整合生產資源與營運活動的東亞平台	52.34%	63.33%	34.67%	54.72%	53.85%	51.78%	49.28%
有利於以台灣為發展高附加價值產業與研發活動的東亞基地	63.55%	56.67%	24.00%	54.72%	53.85%	50.56%	50.00%
有利於以台灣為服務與行銷的東亞平台	57.94%	40.00%	20.00%	56.60%	61.54%	47.22%	45.68%
有利於以台灣為東亞生產基地出口產品到區域整合市場	55.14%	36.67%	44.00%	35.85%	7.69%	35.87%	44.24%
其他	2.80%	6.67%	0.00%	7.55%	0.00%	3.40%	3.24%
回答家數	107	30	75	53	13	278	278

【註】本題為複選題。「平均」是指各類企業之平均比例；「加權平均」是指按照樣本數進行加權平均之比例。

資料來源：童振源，《東亞經濟整合與台灣的戰略》（台北：政大出版社，2009），頁351。

表 4-8　兩岸簽訂經濟整合協定對各類企業增加投資台灣之原因

增加投資台灣之原因	台灣母公司	台灣上市上櫃公司	中國台商	台灣外商	國際投顧公司	平均	加權平均
有利於以台灣為整合生產資源與營運活動的東亞平台	66.44%	67.19%	43.88%	51.56%	46.15%	55.04%	57.73%
有利於以台灣為服務與行銷的東亞平台	57.05%	40.63%	26.53%	53.13%	53.85%	46.24%	45.88%
有利於以台灣為東亞生產基地出口產品到區域整合市場	55.03%	28.13%	43.88%	34.38%	7.69%	33.82%	42.78%
有利於以台灣為發展高附加價值產業與研發活動的東亞基地	50.34%	65.63%	35.71%	53.13%	61.54%	53.27%	50.00%
其他	1.34%	6.25%	2.04%	6.25%	7.69%	4.71%	3.35%
回答家數	149	64	98	64	13	388	388

【註】本題為複選題。「平均」是指各類企業之平均比例;「加權平均」是指按照樣本數進行加權平均之比例。

資料來源:童振源,《東亞經濟整合與台灣的戰略》(台北:政大出版社,2009),頁352。

　　即便中國同意上述要求，兩岸經濟整合協定仍然會對台灣部份產業造成衝擊。至 2010 年 4 月，台灣尚未對中國開放的貿易商品仍有 2,214 項，必然面對中國要求開放的壓力，而且其他已經開放的 8,598 項產品也會面對降稅與免稅的壓力。[7] 如果兩岸服務貿易也開放，ECFA 對台灣產業影響的範圍勢必更為廣泛。然而，在經濟部的《ECFA 答客問》與陸委會的《ECFA 政策說明》都沒有提出 ECFA 對台灣產業衝擊的總體評估。馬政府不斷強調對台灣產業有利的一面，卻沒有提出對台灣哪些產業會造成傷害，顯然是報喜不報憂。

　　根據全國工業總會的調查，皮革、織布、成衣、製鞋、陶瓷、寢具、毛巾、部份電機產品、食品、製藥、鋼材、玻璃等傳統產業都明確表示對兩岸簽訂 ECFA 的憂慮，希望政府必須做好產業溝通、以書面方式載明不開放項目的承諾、而且要有完善配套措施。蔡練生秘書長強調，如果政府沒有做好準備工作，國內產業不會放心讓政府簽訂 ECFA。而且，食品暨製藥機械公會表示，ECFA 不僅會衝擊弱勢傳統產業，甚至造成失業惡化，因為台灣薪資過高，所以他們必須外移到薪資較低的國家。

　　當時為經濟部長的尹啟銘表示將爭取台灣弱勢產業的緩衝期。陸委會賴幸媛主委表示，保護台灣傳統產業可以透過「進口救濟」、「反傾

7　2009 年 1 月 15 日，中國商務部台港澳司司長唐煒參加台北的研討會時指出，兩岸要建構「綜合經濟合作協定」，必須先推動兩岸經貿關係正常化，取消彼此的歧視性限制，台灣尤應儘早全面開放中國商品進口。4 月 18 日，中國總理溫家寶在博鰲論壇表示，中國希望台灣開放中國商品進口。

銷」與「平衡稅」三項措施。然而，這三項措施都是特定狀況（特定產業、特定時間、特定傾銷、特定補貼）才適用，無法全面保障或協助台灣弱勢產業的調整。

綜合以上說明，朝野政黨對於兩岸經濟合作架構協議的經濟爭議可以分為下列六點：

㈠ 簽署 ECFA 的急迫性

2010 年 4 月 25 日的 ECFA 電視辯論會，馬總統批評「民進黨採取鎖國政策」，蔡主席則批評「國民黨採取冒進政策」。在辯論當中，馬總統強調東協加一（東協與中國自由貿易區）在 2010 年 1 月 1 日生效，將對台灣出口造成衝擊，所以亟需簽訂 ECFA。但是當蔡主席回應東協加一對台灣的影響不大時，馬總統才強調政府必須針對 2012 年可能達成的東協加三（東協與中國、日本及韓國之間的自由貿易區）未雨綢繆。然而，東協加三到 2010 年 4 月時都沒有啟動正式談判。

其次，蔡主席強調 ECFA 是鎖定十年必須全面自由化，ECFA 將帶來台灣有史以來最大的產業結構調整與財富重分配，而馬政府在沒有準備好之前不應該簽署協議。馬總統則強調 ECFA 開放時程可以自主，而且已經編列 950 億的產業調整基金。不過，可能因為國內爭議與政府配套措施不足，ECFA 只是一個架構協議，完全沒有承諾後續談判與開放的時程。

㈡ 服務業與投資開放的評估

中經院採用的 CGE 模型無法對國際投資與服務業開放效應進行評估，而東亞經濟分工很大一部份卻是投資驅動貿易，而且服務業占台灣 GDP 的比重高達 73%。兩岸簽訂的 ECFA 內容包括後續要談判服務貿易自由化與投資協議。這不僅涉及到服務業與投資開放效應評估不完整，而且 ECFA 後續談判對各產業與就業的衝擊無法預先評估。當時馬政府沒有提出完整的服務貿易協定與投資協定談判的評估報告。

㈢ 產業調整與所得分配效應

經濟整合的效應不是總體的統計概念而已，更重要的是經濟利益的重新分配。政府在對外宣傳上，經常強調 ECFA 對台灣經濟總體是有利的，所以應該推動。然而，哪些部門受害、受害程度多大，而且政府將如何具體協助，仍然相當含糊。例如，在中經院的評估報告中，針對電機及電子產品業可能受害最大，馬政府卻說是因為模型的充分就業假設，所以現實上不會發生。[8] 這樣的模型限制很難讓大家不質疑模型分析的效益程度。

ECFA 只不過是一個架構協議，不是 FTA 的實質協議。ECFA 後續協商包括貨品貿易協議、服務貿易協議、投資協議，將造成台灣經濟結構的轉型、就業的調整與經濟利益的重新分配，甚至將出現大規模的受

8　中華經濟研究院，2009。〈「兩岸經濟合作架構協議之影響評估報告」報告〉簡報檔案，7 月 29 日，http://www.ecfa.org.tw/EcfaAttachment/ECFADoc/05.pdf，2009 年 7 月 30 日下載。

益者與受害者,也可能造成台灣內部所得分配更加惡化。特別是,服務業占台灣就業比重將近六成,幾乎台灣每個人都會面對兩岸開放的競爭壓力與調整成本,但是馬政府卻沒有進行評估。

即便 ECFA 有助於台灣經濟效益,但馬政府似乎沒有適當的政策處理 ECFA 可能造成的所得分配惡化問題。2009 年的台灣所得分配惡化是 2001 年來的歷史新高。2009 年的最前 20% 家戶平均收入是最後 20% 家戶平均收入的 6.34 倍,同時吉尼係數為 0.345;相較之下,2007 年的數據分別為 5.98 倍與 0.340。而且,台灣民眾的薪資成長已經維持幾乎 15 年的停滯,而各種物價(特別是房地產價格)持續攀升,讓一般老百姓有相對剝奪感。

㈣ 就業效應的評估

中經院沒有公布評估就業效應的詳細報告,但分析方法是有爭議的。中經院評估 ECFA 會增加台灣 25.7-26.3 萬人的就業人口,但是絕大部分(22.3 萬人)是增加在服務業部門。[9] 可是,中經院的 CGE 模型當中並無法評估服務業的衝擊,這樣的結論似乎前後不一。而且,中經院在簡報檔案中表示,ECFA 的就業影響不考慮 CGE 模型對於生產資源固定假設之限制所造成之負效益,而且還經過經濟部的「專業調整」,就業人數將增加到 27.3 萬人。

9　中華經濟研究院,2009。〈「兩岸經濟合作架構協議之影響評估報告」報告〉簡報檔案,7 月 29 日,<http://www.ecfa.org.tw/EcfaAttachment/ECFADoc/05.pdf>,2009 年 7 月 30 日下載。

相對而言，民進黨在 2009 年 3 月初公布一份評估報告，ECFA 的就業效應與中經院的評估結果完全不同。根據中經院 2005 年及主計處 2006 年台灣產業「產出變動」、「出口變動」以及「工商普查」的相關數據，民進黨依產能萎縮比例推估計算，屆時台灣的失業人口將至少增加 12 萬人。[10] 此外，民進黨表示，如果開放台灣服務業，ECFA 將衝擊台灣三百萬勞工的就業機會，但是民進黨也強調這不是造成失業的規模。[11]

㈤ 國際投資效應評估

中經院推估 ECFA 會為台灣未來 7 年增加 89 億美元的 FDI，但是中經院僅說利用簡單迴歸模型估算，並沒有交代詳細估算的方法。[12] 根據中央銀行的統計，2000-2007 年期間，台灣淨流出的 FDI 達 248 億美元；2008-2010 年期間，台灣淨流出的 FDI 達 166 億美元。[13] 如果中經院的估算是正確的，顯然 ECFA 吸引國際投資的規模並不大，無法有效解決台灣資金大量外流的困境。

---

10 大紀元，〈週五 ECFA 公聽會 綠擬文武鬥〉，《大紀元》，2009 年 3 月 10 日，<http://www.epochtimes.com/b5/9/3/10/n2456583p.htm>，2011 年 5 月 22 日下載。

11 鄒麗泳，〈ECFA 將衝擊白領？民進黨批馬說謊〉，《中國評論新聞網》，2010 年 4 月 13 日，<http://www.chinareviewnews.com/doc/1012/8/7/6/101287670.html?coluid=93&kindid=2910&docid=101287670>，2011 年 5 月 21 日下載。

12 中華經濟研究院，〈「兩岸經濟合作架構協議之影響評估報告」報告〉簡報檔案，頁 17。

13 中央銀行，〈國際收支簡表（年資料）〉，2011a，<http://www.cbc.gov.tw/ct.asp?xItem=2336&ctNode=538&mp=1>，2011 年 4 月 17 日下載。

而根據筆者的調查，如果兩岸簽訂經濟整合協定，大約 30-41％的台灣企業與外商會考慮增加對台灣投資，不過具體投資行為仍取決於總體投資環境的改善。台灣加入東亞經濟整合協定與兩岸簽訂經濟整合協定都有助於台灣成為東亞地區的生產、行銷、研發與營運平台，同時吸引各類型企業增加對台灣投資。也就是說，台灣加入東亞經濟整合協定與兩岸簽訂經濟整合協定將有助於台灣達成「全球運籌管理中心」與「亞太經貿樞紐」的經濟發展戰略目標。[14]

㈥ ECFA 只是一個架構協議

ECFA 只不過是一個架構協議，不是 FTA 的實質協議。ECFA 對台灣經濟的短期效益恐怕有限，長期效益則取決於未來四項協商成果，包括貨品自由貿易協議、服務自由貿易協議、投資協議及爭端解決協議。前三項協議將造成台灣經濟結構的轉型、就業的調整與經濟利益的重新分配，甚至將出現大規模的受益者與受害者，也可能造成台灣內部所得分配更加惡化。特別是，服務業占台灣就業比重將近六成，幾乎台灣每個人都會面對兩岸開放的競爭壓力與調整成本。

---

14 童振源，2009。《東亞經濟整合與台灣的戰略》，（台北：政大出版社），頁 350-352。

四、兩岸經濟合作架構協議的政治爭議

無論 FTA 或 ECFA 都是 WTO 規範下的經濟整合協定（EIA）或區域貿易協議（RTA）。但是，在兩岸主權衝突的情勢下，ECFA 引發的政治爭議至少包括四個層面：台灣主權地位、台灣經濟自主、區域經濟戰略與民主批准程序。

㈠ 台灣主權地位

台灣對中國存在長期的貿易順差，最近幾年金額高達每年 400 億美元以上，而且台灣至今仍違反 WTO 的最惠國待遇，沒有開放片面限制進口的 2,247 項中國產品，反而中國在 ECFA 早收清單中對台灣進行大規模的經濟讓利。中國同意對台灣降稅的早收清單計 539 項，而且中國還主動加入 18 項農漁產品，台灣同意對中國降稅的早收清單只有 267 項。在產值方面，兩岸早收清單貿易值分別占台灣與中國雙邊貿易的 16.1% 與 10.8%。相較之下，中國與東協的早收清單項目較為平等，分別為 593 項與 400 項左右，貿易值分別占中國與東協雙邊貿易的 1.7% 與 2.1%。

由於兩岸處於主權衝突的敵對狀態，中國對台灣經濟讓利讓國內朝野與社會對於中國的政治企圖與能力有不同的解讀。中國國家主席胡錦濤在 2008 年底發表「胡六點」講話的第一點即是兩岸恪守「一個中國」原則，「胡六點」的第二點才是推動兩岸簽訂經濟合作協議。而且，胡主席強調，兩岸在一個中國框架的原則達成共同認知與一致立場，兩岸才有政治互信進行協商。美國國際經濟研究所的研究報告便

指出，中國簽署 ECFA 的主要目的就是政治，希望 ECFA 有助於兩岸統一。[15]

　　從 2008 年至今的兩岸互動經驗來看，中國對台灣經濟讓利的基礎是台灣對中國的政治讓利。馬政府在政治立場接受九二共識、不反駁中國的一個中國原則、主張兩岸人民是戶籍不同而不是國籍不同、減緩批評中國政府侵犯人權、反對達賴喇嘛與熱比婭來台灣訪問、在國際參與上事先取得中國的同意與支持。雖然馬英九政府強調「九二共識」是「一個中國、各自表述」（一中各表），但是中國政府從來沒有公開接受過。從 2008-2010 年的實踐經驗而言，「九二共識」的內容並不是「一中各表」，而是兩岸接受一個中國，但不表述一個中國的內容（一中不表）。如果在未來經濟議題協商時，台灣要求中國繼續對台灣經濟讓利，中國當然會希望台灣回報政治讓利，這將引發朝野的衝突。

(二) 台灣經濟自主

　　由於中國不願意放棄對台灣的武力威脅與國際打壓，所以某些人主張：台灣不應該與中國在經濟上走得太近，以避免「中國化」的危險，應該拓展「全球化」的契機，以維持台灣經濟自主性，並為台灣創造國際籌碼與戰略空間對抗中國的威脅。[16] 民進黨蔡英文主席強調，民進黨

---

15 Daniel Rosen and Zhi Wang, "Deepening China-Taiwan Relations through the Economic Cooperation Framework Agreement," Peterson Institute for International Economics Policy Brief, 2010, PB10-16.

16 例如，2006 年 7 月台灣政府舉辦的台灣經濟永續發展會議全球佈局與兩岸經貿分組的結論便指出，台灣對中國市場的依賴關係有擴大趨勢，引發經濟「中國化」的憂慮。

主張台灣走向世界，再和世界一起走向中國，兼顧主權獨立、國家安全與經濟安全，而國民黨主張走向中國，再透過中國走向世界，會被鎖在中國。[17] 根據政治大學選舉研究中心與中央研究院社會學研究所的民意調查，超過六成的民眾擔心台灣經濟過度依賴中國，擔心形成政治主權危機。[18]

　　然而，根據調查很明顯發現，[19] 各類企業均一致建議台灣要簽訂經濟整合協定的優先對象是中國，台灣才能吸引更多的國際投資；他們都一致認為中國是台灣應該優先簽訂經濟整合協定的對象，而且遠比台灣優先與美國簽訂經濟整合協定的共識高出很多（見 P.86 的表 4-9）。充分利用中國市場與生產資源將增加台灣吸引國際投資的優勢，將大幅強化台灣企業與外商對台灣增加投資的誘因，讓台灣成為東亞生產、行銷、研發與營運的平台。因此，台灣要借重「中國化」的手段，比較可能促進「全球化」的目標；「中國化」與「全球化」是相輔相成，而不是相互對立的。

17　李欣芳、王寓中，〈不設政治前提 蔡：不排除與中國對話〉，《自由時報》，2010 年 5 月 3 日，<http://www.libertytimes.com.tw/2010/new/may/3/today-fo1.htm#>，2011 年 5 月 5 日下載。

18　王珮華，〈六成民眾憂 經濟嚴重依賴中國〉，《自由時報》，2009 年 4 月 24 日。<http://www.libertytimes.com.tw/2009/new/apr/24/today-fo5.htm>，2009 年 4 月 24 日下載。蘇永耀，〈經濟傾中 6 成民眾憂侵蝕主權〉，《自由時報》，2011 年 5 月 1 日。<http://www.libertytimes.com.tw/2011/new/may/1/today-p1.htm>，2011 年 5 月 1 日下載。

19　童振源，2009。《東亞經濟整合與台灣的戰略》，（台北：政大出版社），頁 362。

表 4-9　各類型企業對台灣簽訂經濟整合協定優先對象之建議　　單位：總積分

建議對象	台灣母公司	台灣上市上櫃公司	中國台商	台灣外商	國際投顧公司	累計積分	累計排名
中國	170.23	212.80	237.54	195.01	250.35	1,065.93	1
美國	132.14	134.75	111.91	125.63	193.71	698.14	2
歐盟	90.65	69.53	67.03	103.14	48.94	379.29	3
東南亞	99.96	82.94	70.57	66.42	30.76	350.65	4
日本	68.17	56.70	45.94	72.77	48.94	292.52	5
南亞	7.73	13.42	12.92	12.41	27.27	73.75	6
澳洲、紐西蘭	9.73	9.15	7.92	8.02	0	34.82	7
加拿大	8.35	3.66	12.61	3.65	0	28.27	8
中南美洲	7.47	6.71	10.81	2.9	0	27.89	9
俄羅斯	3.09	3.05	16.14	4.34	0	26.62	10
非洲	0.50	1.22	0.73	0.75	0	3.2	11
回答家數	409	164	261	141	13	988	---

【註】　中國包括大陸與香港。總積分為各類型企業對建議對象的加權計分，其計算公式＝（Ax3+Bx2+Cx1）x100；A、B、C 分別為第一優先、第二優先與第三優先之百分比。累計積分為各類型企業總積分之加總。累計排名為累計積分之排名。

資料來源：童振源，《東亞經濟整合與台灣的戰略》（台北：政大出版社，2009），頁362。

(三) 區域經濟戰略

　　馬政府期待，如果台灣能取得中國的善意，便可以化解台灣遭中國排除在東亞經濟整合體制之外的危機。行政院大陸委員會（2009）在《ECFA 政策說明》中強調，「推動 ECFA，毫無疑問是台灣加入區域合作協定及與各國洽簽 FTA，重返世界經濟舞台的敲門磚。」同時，中國似乎也對台灣釋放善意訊息；胡錦濤主席在 2008 年 12 月 31 日「胡

六點」中表達，中國願意與台灣簽訂「綜合性經濟合作協定」，並探討「兩岸經濟共同發展同亞太區域經濟合作機制相銜接的可行途徑。」雖然胡主席沒有明說支持台灣參與東亞經濟整合體制，但是馬政府卻解讀為這是台灣的唯一活路。

然而，在戰略上，馬英九政府對中國的善意期待未必符合台灣的利益、也不見得能解決台灣被排除在東亞經濟整合體制之外的困境。首先，在缺乏國際支援的情況下，台灣與中國進行經濟整合協定談判的條件將受制於中國的政治與經濟利益。[20] 其次，台灣與其他國家談判經濟整合協定的地位與進程將取決於中國對台灣的不確定善意。[21] 中國國務院台灣事務辦公室曾公開表示，台灣與其他國家簽訂 FTA 需經由兩岸協商，而且否認會協助台灣與其他國家簽訂 FTA。[22]

馬政府不斷強調，兩岸簽訂 ECFA 便可化解中國對台灣與其他國家簽訂經濟整合協定的阻撓，而且會同時推動與其他國家協商 FTA。但是，沒有任何跡象顯示，中國正在與台灣重要貿易夥伴的美國、日本、歐盟進行 FTA 談判；即使兩岸簽訂 ECFA，中國應該不會同意台灣先於中國與這些國家簽訂 FTA，使得台灣的利益受到妨礙。特別是，當台灣的主要經濟競爭對手韓國已經與美國及歐盟簽署 FTA，台商在國際競爭上將面臨韓商強大壓力，但是馬政府至今卻一籌莫展。

---

20 台灣在 1991 年加入 APEC 與 1992 年開始進行加入 GATT 的入會談判，都是獲得國際社會（特別是美國）之強力支援，中國才放棄對台灣的抵制。

21 2009 年 4 月 14 日，中國商務部國際司副司長朱洪表示，台灣積極希望與其他國家建立 FTA，但是中國不同意，因為這需要主權國家同意；如果兩岸簽訂 ECFA，中國再考慮台灣與其他國家簽訂 FTA 的問題。

22 林琮盛，〈國台辦：台灣爭取 FTA 需兩岸協商〉，《聯合報》，2009 年 12 月 17 日。

㈣ 民主批准程序

一般而言，區域貿易協定的目的或效應不僅是單純牽涉到經濟效益或經濟成長，而是觸及到經濟利益分配與政治考量。WTO 的杜哈回合談判會觸礁便是因為各國的產業保護利益作祟。美國是中國的最大貿易夥伴，但美國與中國卻沒有協商 FTA。況且，FTA 的效應可能是高度政治性的。例如，歐盟整合的結果是形成共同外交與安全政策。馬政府國安幕僚也在 2009 年提出，ECFA 是兩岸政治談判三要素的第一項。[23] ECFA 簽訂之後，難免社會質疑馬政府是不是要與中國進行政治談判，進而觸及台灣的主權。

根據各種民調，認為 ECFA 應該交付公投的民眾比例一直維持在六成至八成左右。[24] 可見 ECFA 是一個高度爭議的公共政策。但是，馬政府以 ECFA 為經濟議題不牽涉主權及政治問題，而且各國簽訂 FTA 沒有經過公投的先例，拒絕 ECFA 公投。[25] 然而，睽諸歐洲經濟整合的歷史，現有 27 個會員當中，有 19 個國家採取公投作為參與歐洲經濟整合（自由貿易協定）的國內批准程序。此外，因為國內意見分歧，哥斯大

---

23 中評社，〈兩岸政治對話 台灣拋三要件〉，《中國評論新聞網》，2009 年 10 月 17 日，<http://www.chinareviewnews.com/doc/1011/0/6/5/101106555.html?coluid=93&kindid=2789&docid=101106555>，2011 年 5 月 21 日下載。

24 彭顯鈞，〈六成民眾：ECFA 應交付公投〉，《自由時報》，2009 年 4 月 22 日，版 A3。 TVBS 民意調查中心，〈ECFA 雙英辯論前民調〉，2010 年 4 月 21 日，<http://www.tvbs.com.tw/FILE_DB/DL_DB/doshouldo/201004/doshouldo-20100423190134.pdf>，2010 年 4 月 25 日下載。

25 行政院大陸委員會，〈ECFA 政策說明〉，2009 年 <http://www.mac.gov.tw/public/MMO/RPIR/book458.pdf>，2010 年 7 月 5 日下載。

黎加在 2007 年 10 月也舉辦公投決定是否加入美國提議的中美洲自由貿
易協定。

　　在兩岸主權衝突嚴重與台灣朝野對立激化的情況下，台灣朝野與社
會未必能夠在 ECFA 議題上經由溝通取得明確共識。透過公投取得台灣
人民同意 ECFA 的授權，可能是化解朝野對抗與凝聚社會共識的最低社
會成本方式。ECFA 只是一個架構協議，而且中國對台灣讓利，因而沒
有造成國內太大衝擊。如果兩岸在未來簽署貨品與服務自由貿易協定，
馬政府都反對公投，可能造成台灣內部更大的衝突。

第五章

兩岸經濟合作架構協議之執行成效檢討

　　兩岸在 2010 年 6 月 29 日簽署 ECFA，台灣立法院通過 ECFA 之後，ECFA 在 2010 年 9 月 12 日正式生效。以下便分析兩岸經濟合作架構協議執行到 2013 年中（將近三年）的成效。

一、兩岸經濟合作架構協議的早收計畫成效

　　ECFA 是一個架構協議，短期的具體效益只有呈現在早期收穫項目的開放成果。ECFA 貨品貿易早期收穫計畫從 2011 年 1 月 1 日開始實施降稅。在中國給予台灣 539 項早收清單的農工產品當中，2011 年早收清單關稅降為零的產品僅 76 項（占早收清單項目的 14.1%），自 2012 年 1 月 1 日起 ECFA 第二波關稅調降後，早收清單中有 94.5% 的貨品享有零關稅待遇，其餘項目的關稅於 2013 年降為零。服務貿易早期收穫部分及開放措施在 2011 年 1 月 1 日已經全面實施。

　　根據中國海關統計，2011 年台灣對中國出口總額為 1,249.0 億美元，成長 8%；早收清單內貨品之出口額為 198.5 億美元，成長 9.9%，

表 5-1　ECFA 貨品貿易早期收穫效益　　　　　　　　　　單位：億美元、%

	2011 年		2012 年		2013 年 1-6 月	
	金額	成長率	金額	成長率	金額	成長率
台灣對大陸出口	1,249.0	8.0	1,321.9	5.8	800.4	36.8
早收清單內出口	198.5	9.9	20.3.1	2.3	110.7	13.3
大陸對台灣出口	433.8	21.3	408.3	-6.3	209.8	2.9
早收清單內出口	50.4	28.1	47.4	-2.6	23.2	-1.26

資料來源：台灣經濟部國際貿易局，〈海峽兩岸經濟合作架構協議（ECFA）執行情形〉，2013 年 8 月 9 日，<http://www.ecfa.org.tw/ShowNews.aspx?id=683&year=all&pid=&cid=>，2013 年 8 月 10 日下載。

僅略微比前者好。2012 年，台灣對大陸出口總體增長 5.8％，但是早收清單項目卻僅增長 2.3％；2013 年上半年台灣對大陸出口總體增長 36.8％，可是早收清單項目卻僅增長 13.3％。也就是說，兩岸總體貿易與早收清單出口項目的成長率差異不大，這三年的出口數據都沒有顯現 ECFA 成效[1]（見 P.92 的表 5-1）。

ECFA 服務業早期收穫執行成果可以分成兩類：金融服務業與非金融服務業。大部分金融服務業開放項目早在 2009 年兩岸簽署金融合作備忘錄時便已經開放，ECFA 早收清單提供優惠待遇，因此很難區分 ECFA 的邊際效益，而且台灣經濟部並沒有公開詳細的資訊。非金融服務業的開放成效比較容易量化，因為大部分都是新開放的領域。

在銀行業部分，截至 2013 年 9 月，金管會已核准 13 家國內銀行赴中國大陸設立分行，其中 11 家已開業（土銀－上海、合庫－蘇州、一銀－上海、華南－深圳、彰銀－崑山、國泰世華－上海、中國信託－上海、兆豐－蘇州、臺銀－上海、玉山－東莞、臺灣企銀－上海），5 家銀行設有代表人辦事處。

1　台灣國貿局從一開始說明 ECFA 早期收穫效益時，便採用中國海關統計的台灣對中國出口資料。當時筆者曾經公開提出質疑，認為根據台灣海關的資料，ECFA 實施之後，我國對中國的出口成長率大幅衰退，但是國貿局並沒有回覆，請見：<http://www.my-formosa.com/article.aspx?cid=5,6,10&id=539>。從 2013 年 9 月以後，國貿局卻開始採用台灣海關統計的台灣對中國出口數據，而且完全沒有對外公開說明理由。根據中國海關資料，在早收清單內的台灣對中國出口數據表現並沒有比台灣對中國的一般出口還好，也就是說，早收清單沒有顯著效益。但是，國貿局改採台灣海關資料之後，卻顯示台灣對中國的早收清單出口成效斐然。經由立法委員辦公室的詢問，國貿局僅僅表示，因為大陸海關的數據有問題，但卻沒有提出任何實質的證據說明大陸數據的問題所在。

在證券期貨業部分，截至 2013 年 9 月，已有 11 家證券商赴中國大陸設立 24 處辦事處，2 家投信事業赴中國大陸設立辦事處，另已核准 5 家投信事業赴中國大陸參股設立基金管理公司，其中 3 家已營業。截至 2013 年 9 月，有 14 家獲陸方證券監理機構核准資格，其中 11 家取得投資額度合計 15.2 億美元；有 10 家國內保險業獲陸方證券監理機構核准 QFII 資格，9 家取得投資額度合計 16.5 億美元。

在保險業部分，截至 2013 年 9 月，金管會已核准 9 家國內保險業赴中國大陸參股投資，其中 6 家已營業，另並設有 15 處代表人辦事處。

相對的，陸銀來台部分，截至 2013 年 9 月，陸銀在臺設立 3 家分行（中國大陸中國銀行、交通銀行及中國建設銀行臺北分行）及 1 家辦事處（招商銀行）。

在非金融服務業部分，根據台灣經濟部的統計，2011 年至 2013 年 9 月，屬於 ECFA 服務業早收清單中核准中資來台投資件數為 93 件，投資或增資金額為 13,886 萬美元。相對的，台灣核准赴中國投資涉及 ECFA 服務早收清單項目計 354 件，投資或增資金額約 41,646 萬美元。在 ECFA 簽訂後，中國核准 1 家台商獨資醫院，並同意 14 部台灣電影在中國上映。

二、兩岸經濟合作架構協議的成效綜合檢討

ECFA 生效至今已經三年，但總體成效仍相當有限，侷限在早期收穫清單項目的自由化效應，及國內外企業的預期效果。[2] 根據台灣經濟部的估算，ECFA 早期收穫效益對台灣國內生產毛額（GDP）成長的貢獻為 0.4%，增加新台幣 549 億元，對產值成長的貢獻為 0.86%，增加新台幣 1,900 億元，就業成長貢獻為 0.64%，增加 6 萬人。[3]

在列入早期收穫計畫的台灣幾項製造業產品在 2011 年對中國出口成長快速。例如，運輸工具業成長 46.11%；機械及零組件業成長 29.17%；石化業成長 8.16% 等。在農產品中，冷凍秋刀魚成長 355%、活石斑魚成長 143%、文心蘭成長 709%、茶葉成長 63% 等。[4] 2011 年這幾項工業產品與農產品對中國出口成長迅速，但是畢竟只是個別產品的利益，對台灣對中國整體出口的幫助有限。台灣對中國出口的早收清單實施項目比例從 2011 年的 14.1% 大幅提高到 2012 年的 94.5%，但是經濟部已經沒有再詳細說明個別產品對中國出口的成長率。2012 年前九個月台灣對中國的早收清單項目出口衰退 5.7%，個別產品的出口成長率應該不會太好。

---

2 經建會主委尹啟銘在參加 2012 年 5 月 27 日群策會的「台灣國家經濟發展」研討會時同意，ECFA 是一個架構協議，功能很有限，「沒有產生重大效益本來就是應該的」。

3 台灣政府並沒有說明如何估算這些效益。中華民國經濟部，〈全台受益情形〉，<http://www.ecfa.org.tw/EffectDoc.aspx?pid=4&cid=6>，2012 年 8 月 7 日下載。

4 中華民國經濟部，〈ECFA 早期收穫計畫執行情形〉，2012 年 2 月 10 日，<http://www.ecfa.org.tw/ShowNews.aspx?id=417&year=all&pid=&cid=>，2012 年 8 月 1 日下載。

根據總體貿易資料，ECFA 並沒有明顯強化台灣對中國出口的競爭力。以各國在中國進口市場的市占率判斷各國對中國出口的競爭力，從 2000 到 2002 年，台灣的市占率從 11.3% 增加到 12.9%，2003 年以後每年逐漸下滑，至 2010 年只剩下 8.3%。2011 年初開始實施 ECFA 早收清單計畫之後，2011 年台灣的市占率反而下跌到 7.4%，下半年的市占率進一步下跌到 7.2%，2012 年上半年再下跌到 6.6%，是 1993 年以來的最低值。很顯然，ECFA 並沒有改變台灣對中國出口競爭力下降的趨勢。

針對這個現象，台灣經濟部回覆，這是因為中國對能源進口的比重不斷提升，才導致工業產品為主的出口國家之進口市占率呈現下滑。[5] 然而，我們比較過去十二年中國的七大進口夥伴的進口市占率，台灣的跌幅是第二嚴重，僅次於日本，而且台灣與其他國家的落差相當顯著。台灣在中國進口市場市占率在 2005 年以前為第三大進口來源，在 2005 年上半年被韓國與東協同時超越，到了 2008 年上半年為中國的第五大進口來源，2012 年上半年已經成為第六大進口來源（見 P.97 的圖 5-1）。

從台灣的出口成長率來看，兩岸 ECFA 早收計畫在 2011 年初生效之後，台灣對中國出口並沒有明顯比台灣對其他國家出口成長要快，甚至要比台灣對東協六國的成長率要慢很多。2007-2009 年，台灣對中國與東協的出口成長率大致差不多。2010 年，中國與東協 FTA 生效之

---

5 中華民國經濟部，〈ECFA 貨品貿易早期收穫計畫成效之說明〉，2012 年 6 月 28 日 <http://www.ecfa.org.tw/ShowNews.aspx?id=463&year=all&pid=2&cid=2>，2012 年 7 月 30 日下載。

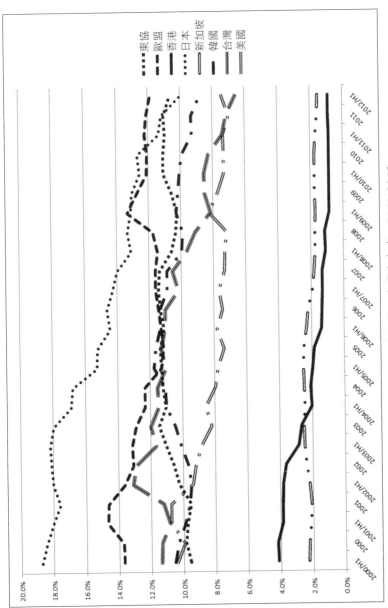

圖 5-1　各經濟體在中國進口市場占有率：2000-2012

資料來源：CEIC，2012 年 8 月 3 日下載。

後，台灣對中國與東協的出口成長率分別為 37.1% 與 37.2%，遠快於台灣對美國、日本與歐洲的成長率，顯然台灣對中國出口沒有受到當年中國與東協 FTA 生效的影響。2011 年，兩岸 ECFA 已經生效，台灣與東協並沒有類似協定，但是台灣對中國出口成長率反而落後台灣對東協出口成長率更多；台灣對中國出口成長率為 8.1%，台灣對東協六國的出口成長率為 22.7%。2012 年，台灣對大陸出口衰退 4.4%，但是台灣對東協的出口成長率仍成長 9.8%。

再從台灣的出口比重來看，台灣對大陸出口占台灣全部出口的比重在 2010 年達到 41.8% 的高峰，但是 ECFA 生效之後，2011 年的比重反而下跌到 40.2%，2012 年再下跌到 39.4%，2013 年前十個月持續下跌到 39.2%。相對的，台灣對東協出口占台灣全部出口的比重卻從 2009 年的 14.8% 持續上升到 2010 年的 15.1%、2011 年的 16.5%、2012 年的 18.5% 及 2013 年前十個月的 19.0%（見 P.99 的表 5-2）。

台灣經濟部表示，這樣的結果顯示台灣政府分散市場的努力已有成效。[6] 然而，在 2010 年 4 月 25 日與民進黨蔡英文主席辯論時，馬英九總統正是以東協與大陸自由貿易區會對台灣對大陸出口競爭力造成負面影響，而強調兩岸必須盡快簽署 ECFA；而且，馬總統在 2010 年 7 月 1 日的記者會也強調 ECFA 會提升台灣對大陸出口的競爭力。這顯示經濟部的說法與馬總統的說法是矛盾的，應該是卸責的藉口。

6　中華民國經濟部，〈ECFA 貨品貿易早期收穫計畫成效之說明〉，2012 年 6 月 28 日，<http://www.ecfa.org.tw/ShowNews.aspx?id=463&year=all&pid=2&cid=2>，2012 年 7 月 30 日下載。

表 5-2　台灣對主要國家（地區）出口成長率與出口比重：2007-2013

單位：%

	2007		2008		2009		2010		2011		2012		2013 前十個月	
	成長率	出口比重	成長率	出口比重	成長率	出口比重	成長率	出口比重	成長率	出口比重	成長率	出口比重	成長率	出口比重
大陸	12.6	40.7	-0.8	39.0	-15.9	41.1	37.1	41.8	8.1	40.2	-4.4	39.4	1.0	39.2
美國	-0.9	13.0	-4.0	12.0	-23.5	11.6	33.6	11.5	15.6	11.8	-9.3	10.9	-1.6	10.7
日本	-2.2	6.5	10.2	6.9	-17.4	7.1	24.2	6.6	1.2	5.9	4.2	6.3	1.6	6.3
歐洲	9.7	11.6	4.6	11.7	-24.6	11.1	30.1	10.7	6.2	10.1	-7.8	9.6	-3.4	9.2
東協六國	16.7	14.5	7.3	15.0	-21.5	14.8	37.2	15.1	22.7	16.5	9.8	18.5	4.1	19.0

【註】大陸的數據包括中國大陸與香港。

資料來源：中華民國財政部，2013 年 3 月 15 日下載。

表 5-3　外商對台灣直接投資：2001-2013

單位：百萬美元、%

時間	2001	2002	2003	2004	2005	2006	2007	2008	2009	2010	2011	2012	2013/H1
金額	3,349	1,908	2,724	2,983	3,430	11,576	13,602	6,692	4,527	3,163	4,356	4,223	1,257
成長率	n.a.	-43.0	42.8	9.5	15.0	237.5	17.5	-50.8	-32.3	-30.1	37.7	-3.1	18.3

【註】此表數據為外商實際投資台灣的金額，而不是核准金額。

資料來源：中華民國經濟部投資審議委員會，〈102 年 6 月核准僑外投資、陸資來臺投資、國外投資、對中國大陸投資統計速報〉、<http://www.moeaic.gov.tw>，2013 年 8 月 10 日。

　　ECFA 吸引外商投資台灣的效益也不明顯，外商對台灣的直接投資仍維持低檔。馬總統預期 ECFA 能吸引更多外資，中經院評估台灣簽署 ECFA 後的七年可能增加的 FDI 流入規模將達 89 億美元[7]，但是過去五年台灣吸引的實際外資金額持續維持低谷。馬總統上台後，2008 年台灣吸引的實際外資金額衰退 50.8% 為 66.9 億美元，2009 年衰退 32.3% 為 44.3 億美元，即使 2010 年世界金融危機已經平息，仍衰退 30.1% 到 31.6 億美元，幾乎只有 2001-2007 年每年平均額（56.5 億美元）的一半。2011 年外商投資成長 37.7% 到 43.6 億美元，仍維持在相當低檔的金額。2012 年外商投資再度陷入衰退，幅度為 3.1%，外商投資金額只有 42.2 億美元。而 2013 年上半年的金額為 12.6 億美元，比 2012 年同期成長 18.3%（見 P.99 的表 5-3）。

　　再看看國際比較，根據聯合國《世界投資報告》，2000-2007 年台灣吸引外資占全世界比重為 0.3%，在亞洲地區領先澳門、印尼與越南。然而，台灣吸引外資占世界比重從 2008 年逐年下降，到 2011 年已經為負 0.1%，2008-2011 年台灣吸引外資平均占世界比重僅為 0.2%。各國同樣遭受到國際金融危機衝擊，台灣在 2008-2011 年吸引外資的比重居東亞四小龍之末（見表 5-4）。香港的比重為 4.6%、新加坡 2.6%、韓國 0.5%，甚至比泰國（0.6%）、印尼（0.8%）與越南（0.6%）都低很多，更不要說中國（7.6%）。

7　中經院認為，與歐盟及 NAFTA 之經驗，成立後 3 年總計外資流入平均成長超過一倍相比，上述評估結果較為保守。中華經濟研究院 ECFA 研究團隊，〈兩岸經濟合作架構協議之影響評估報告〉，2009 年 7 月 30 日。

表 5-4　亞洲經濟體吸引外商直接投資占世界的比重：2000-2011

	2008	2009	2010	2011	2000-2007	2008-2011
中國	6.0%	7.9%	8.8%	8.1%	5.6%	7.6%
香港	3.3%	4.4%	5.4%	5.5%	3.2%	4.6%
韓國	0.5%	0.6%	0.7%	0.3%	0.5%	0.5%
澳門	0.1%	0.1%	0.2%	0.3%	0.1%	0.2%
台灣	0.3%	0.2%	0.2%	-0.1%	0.3%	0.2%
印尼	0.5%	0.4%	1.1%	1.2%	0.2%	0.8%
新加坡	0.7%	2.0%	3.7%	4.2%	1.7%	2.6%
泰國	0.5%	0.4%	0.7%	0.6%	0.5%	0.6%
越南	0.5%	0.6%	0.6%	0.5%	0.2%	0.6%

資料來源：United Nations, World Investment Report 2012 (New York: United Nations, 2012), pp. 169-170.

　　如果觀察包括直接投資（對外直接投資及來台直接投資）與證券投資（資產與負債）的國際資金流動，台灣的國際競爭優勢正在快速流失。1990 年代，台灣的淨國際投資（淨直接投資加上淨證券投資）平均每年為負 19.8 億美元。陳水扁總統執政八年期間為負 132.3 億美元，馬總統執政的五年期間為負 352.9 億美元，是陳總統時期的 2.6 倍。從 2008 年至 2012 年，台灣資金外流每年分別為 171 億美元、134 億美元、297 億美元、504 億美元與 523 億美元。2012 年的資金外流金額是歷年來最嚴重的一年（見表 5-5）。

表 5-5　台灣的淨國際投資：1990-2012

單位：億美元

	1990 ~ 1999	2000 ~ 2007	2008 ~ 2012	2008	2009	2010	2011	2012
淨直接投資（總計）	-202.5	-247.8	-317.8	-48.6	-30.7	-90.8	-147.7	-98.3
淨證券投資（總計）	4.1	-810.3	-789.1	-122.5	-103.3	-206.7	-356.7	-424.5
淨國際投資（總計）	-198.4	-1,058.0	-1,629.4	-171.1	-134.0	-297.5	-504.4	-522.7
淨國際投資（年平均）	-19.8	-132.3	-352.9	n.a.	n.a.	n.a.	n.a.	n.a.

資料來源：中華民國中央銀行，〈國際收支簡表（年資料）〉，<http://www.cbc.gov.tw/ct.asp?xItem=2336&ctNode=538&mp=1>，2013 年 3 月 7 日下載。

ECFA 生效之後，台灣的國內投資動能持續下降，包括存貸差再創歷史新高，實質投資率可能再創歷史新低。1980 年代，台灣的實質投資率為 22.4%，閒置資金（存貸差）平均每年為 8,850 億台幣，占固定資本形成的比重為 0.9%；1990 年代，台灣的實質投資率為 28.0%，閒置資金平均每年為 25,762 億台幣，占固定資本形成的比重為 1.2%。民進黨執政八年台灣的實質投資率為 23.7%，閒置資金平均每年為 70,182 億台幣，占固定資本形成的比重為 2.7%。

馬總統執政五年期間，台灣的實質投資率年平均為 17.2%，閒置資金平均每年為 108,778 億台幣，占固定資本形成的比重為 4.5%。特別是，去年的投資率僅僅 16.0%，創歷史新低，比 2009 年世界金融危機時還要低。主計處預測，今年（2013）的實質投資率只有 16.3%；相對的，今年九月的存貸差為 114,348 億台幣，存貸差占固定資本形成的比重為 6.7%，創歷史新高（見表 5-6）。

表5-6　台灣的投資動能：1981-2013

項目	1981 ～ 1989	1990 ～ 1999	2000 ～ 2007	2008 ～ 2012	2013
實質投資率（％）	22.35	28.04	23.68	17.2	16.3
存貸差（億台幣）	8,850	25,762	70,182	108,778	114,348
存貸差占固定資產形成比重（％）	0.9	1.2	2.7	4.5	6.7

【註】2013 年的實質投資率為主計處的預估，存貸差為 9 月的數據。

資料來源：中華民國統計資訊網，〈歷年各季國民生產毛額依支出分〉，<http://www.stat.gov.tw/ct.asp?xItem=14616&CtNode=3564&mp=4>，2012 年 8 月 7 日下載。中華民國中央銀行，〈重要金融指標〉，<http://www.cbc.gov.tw/ct.asp?xItem=975&ctNode=523&mp=1>，2013 年 11 月 24 日下載。

　　在參與東亞經濟整合體制方面簽訂 ECFA 應該有助於台灣與紐西蘭及新加坡展開 EIA 的談判，並在 2013 年簽署雙邊的 EIA。但是，有些東南亞國家仍憚於中國的政治壓力而不願與台灣進行 FTA 的談判，或者希望台灣能夠對他們經濟讓利。[8] 而且，台灣至今仍未啟動與主要貿易夥伴，如美國、日本與歐盟協商 EIA。

　　根據 2010 年的統計數據，台灣對中美洲五國免關稅出口的金額占台灣出口總額的 0.2％，ECFA 早收計畫項目占台灣出口總額的 6.7％。如果 ECFA 早收計畫完全實施，台灣出口可以享有免關稅待遇的比重合

8　筆者與某東南亞國家駐台代表的對話，2010 年 7 月 5 日。此外，一位澳洲駐台資深官員在 2012 年 6 月 22 日告訴筆者，目前該國沒有打算與台灣談判 FTA，該國會先與中國談判 FTA，而且沒有看到台灣推動貿易自由化決心。再者，一位非洲大國的駐台副代表在 2012 年 7 月 4 日亦告訴筆者，他們明顯有中國的壓力而不願意與台灣談判 FTA。

計為 6.9%。[9] 新加坡與台灣的貿易僅佔台灣對外貿易總額的 3.6%，紐西蘭與台灣的貿易更僅僅佔台灣對外貿易總額的 0.2%。也就是說，台灣出口可以享有免關稅待遇的比重合計為 10.7%。

相較之下，台灣的主要經濟競爭對手韓國已經簽署 9 個 FTA，包括與東協、印度、歐盟、美國、新加坡、秘魯、智利、歐洲自由貿易聯盟及哥倫比亞的 FTA，同時正在與八個經濟體洽談 FTA，包括中韓與中日韓三邊 EIA 談判。如果達成協議，韓國免關稅的出口金額將占韓國出口總額的 71.7%[10]，台灣 90% 的出口將受到韓國 FTA 的衝擊。韓國正迅速邁向東亞自由貿易中心、東亞經濟平台的國家目標，韓國與美國談判 FTA 只花了 15 個月，與歐盟談判 FTA 花了 27 個月。[11]

台灣的國際競爭優勢流失的壓力將更加嚴重，台灣要成為東亞經濟平台的機會更加困難。特別是，韓國與歐盟的 FTA 在 2011 年 7 月 1 日生效，韓國與美國的 FTA 在 2012 年 3 月 15 日生效。根據國貿局的資料，韓國與歐盟的 FTA 衝擊台灣出口金額為一千五百億台幣，韓國與美國 FTA 影響台灣出口金額為三千五百億台幣，兩者合計對台灣出口衝擊高達五千億台幣，占台灣出口的 6.2%。[12]

9　高孔廉，〈ECFA 簽署兩周年有感〉，《兩岸經貿》，第 247 期，2012 年 7 月，頁 6。

10　高孔廉，〈ECFA 簽署兩周年有感〉，《兩岸經貿》，第 247 期，2012 年 7 月，頁 6。

11　韓國於 2006 年 2 月正式與美國談判 FTA，2007 年 4 月簽訂 FTA。韓國與歐盟於 2007 年 5 月開始洽商 FTA，2009 年 7 月簽署 FTA。

12　陳宥臻，〈韓 FTA 收割衝擊我出口 5000 億元〉，《中國時報》，2011 年 10 月 14 日。

馬總統在 2011 年競選期間提出，希望台灣在十年內能加入跨太平洋戰略經濟夥伴關係協定（TPP），馬總統連任之後卻說希望八年加入TPP。然而，台灣至今沒有向 TPP 既有會員國正式表明願意參與協商，同時也沒有提出完整的規劃。美國政府指出，台灣欲加入 TPP，必須達到高標準的自由化程度，包括貿易、智慧財產權、服務業、投資、勞工與環境等方面，並要求台灣要有決心確實遵守高標準的自由貿易協定。[13] 八年加入 TPP 的期望已經超出馬總統的任期，而且面對東亞經濟整合體制非常快速的發展，八年的等待對台灣將會是很大的傷害。

三、兩岸經濟合作架構協議的後續談判

ECFA 是否能發揮顯著成效端視後續的四項協議談判進程而定。截至 2013 年 6 月止，准許進口之中國農工產品已達 8,889 項，占全部貨品總數 11,015 項之 80.7%，其中農產品計 1,455 項（占農產品 2,348 項之 62.0%），工業產品計 7,434 項（占工業產品 8,667 項之 85.8%）。尚未開放進口之中國物品項目共計 2,126 項，包括農產品 893 項，及工業產品 1,233 項，占全部貨品之 19.3%。在 ECFA 早收計畫當中，台灣只有開放 269 項中國產品免關稅。如果以 90% 的產品項目為貨品貿易協定的自由化目標，尚有 9,645 項產品需要完全自由化。[14]

13　劉屏，〈台灣欲入 TPP 需高標準自由化〉，《中國時報》，2012 年 8 月 10 日，A14。

14　資訊科技協定（Information Technology Agreement）在 1996 年的世界貿易組織部長級會議達成，參加資訊科技協定的國家之資訊科技產品貿易已經免關稅，台灣與中國都是成員，所以台灣需要自由化的產品項目會遠低於 9,645 項。根據張五岳的估算，台灣還有 5,800 項商品有待協商，大陸仍有 6,700 多項需要協商。張五岳，〈兩岸經貿社會互動：機遇與挑戰〉，兩岸政策菁英高階研習班，2013 年 11 月 28 日。

此外，台灣服務業占 GDP 比重大約 70%，雇用勞動力大約占全部就業人口的 58%，服務業領域的開放對台灣經濟的競爭力相當重要。以東協與中國的《服務貿易協定》為例，中國在建築、環保、運輸、體育和商務等五個服務部門的 26 個分部門向東協會員國做出新的市場開放承諾；東協會員國在金融、電信、教育、旅遊、建築、醫療等行業向中國做出市場開放承諾。在韓國與美國的自由貿易協定當中，雙方協議開放跨境服務、金融服務、電信服務、電子商務等領域，開放規模更是龐大。

世界貿易組織針對第一種模式（跨國界服務）與第三種模式（商業據點呈現）服務業自由化的承諾進行量化評估，EIA 確實提供比《服務貿易總協定》（GATS）更多服務貿易自由化進展。在第一種模式服務貿易自由化的承諾方面，已開發國家的自由化程度超出開發中國家大約 20 個百分點，而且中國是自由化程度擴大比較保守的國家，其在 EIA 與 GATS 的服務貿易自由化承諾差距只有 4.2%，與其他國家的差距大致都在 20% 以上。

在第三種模式（商業據點呈現）服務貿易自由化的承諾方面，中國在 EIA 自由化承諾的程度大約是 55.4%；印尼、泰國、馬來西亞的自由化承諾分別為 38.0%、42.8% 與 48.8%；日本、韓國、新加坡、美國與歐盟的自由化承諾分別為 76.2%、76.2%、85.3%、70.1% 與 69.7%。很明顯的，已開發國家的自由化程度超出開發中國家將近 30 個百分點。雖然中國在這部分的自由化程度較高，但仍落後已開發國家 20 個百分點左右（見 P.107 的表 5-7）。

表 5-7 東亞各國在雙邊經濟整合協定的服務貿易自由化承諾的程度：2012

國家	模式	EIA 之下的服務貿易自由化承諾的程度	EIA 與 GATS 的服務貿易自由化承諾差距
中國	第一種模式	44.4%	4.2%
	第三種模式	55.4%	16.9%
印尼	第一種模式	54.1%	35.8%
	第三種模式	38.0%	21.7%
泰國	第一種模式	36.6%	24.6%
	第三種模式	42.8%	16.5%
馬來西亞	第一種模式	44.8%	18.9%
	第三種模式	48.8%	19.9%
日本	第一種模式	62.9%	19.5%
	第三種模式	76.2%	14.6%
韓國	第一種模式	64.7%	23.7%
	第三種模式	76.2%	20.1%
新加坡	第一種模式	77.7%	43.9%
	第三種模式	85.3%	44.1%
美國	第一種模式	67.5%	13.3%
	第三種模式	70.1%	13.6%
歐盟	第一種模式	59.0%	8.1%
	第三種模式	69.7%	10.0%

資料來源：World Trade Organization, "Index Scores for GATS Commitments and 'Best' PTA Commitments, by Member and Mode of Supply," <http://www.wto.org/english/tratop_e/serv_e/dataset_e/index_best_pta_score_by_member_e.xls>, 2012 年 8 月 11 日下載。

再以韓國與美國的自由貿易協定為例，韓國服務貿易自由化程度從 GATS 的 48.8% 擴大到 EIA 的 67.0%，而美國也相應從 55.4% 擴大到 68.0%。這顯示兩個國家都非常積極推動服務貿易自由化。再以韓國與

新加坡自由貿易協定為例，韓國的服務貿易自由化程度從 48.8% 擴大到 58.4%，新加坡從 37.6% 擴大到 71.0%。相較之下，在中國與新加坡的自由貿易協定當中，中國的服務貿易自由化程度從 39.3% 非常微幅擴大到 40.1%，新加坡則從 37.6% 擴大到 44.1%。很明顯的，中國願意擴大服務貿易自由化的程度相當有限，而韓國與新加坡都積極擴大服務貿易自由化。台灣應該效法韓國與新加坡，積極擴大服務貿易自由化程度，並且要求中國簽署自由化程度較高的服務貿易協定（見表 5-8）。

表 5-8　韓國　新加坡與中國的雙邊服務貿易自由化程度　　　　　單位：%

	韓國與美國		韓國與新加坡		中國與新加坡	
	韓國	美國	韓國	新加坡	中國	新加坡
GATS	48.8	55.4	48.8	37.6	39.3	37.6
EIA	67.0	68.0	58.4	71.0	40.1	44.1

資料來源：World Trade Organization, "Index Scores for GATS Commitments and PTA Commitments, by PTA,"<http://www.wto.org/english/tratop_e/serv_e/dataset_e/index_per_agreement_e.xls>, 2012 年 8 月 11 日下載。

再以主要服務業部門而言，中國的服務貿易自由化程度普遍並不高，特別是，郵遞、教育、健康與社會服務部門都不到 25%。與美國、歐盟、日本、韓國的服務貿易自由化程度相比，中國落後先進國家 10% 以上的服務貿易自由化程度的服務業包括電腦、快遞、配送、教育、觀光、娛樂、海運、輔助運輸等部門。以台灣與這些先進國家經濟體質相類似的情況下，台灣未來應該要求中國盡量開放這幾個領域，以便發揮台灣的服務業優勢（見表 5-9）。

表 5-9　經濟整合協定的服務業部門服務貿易自由化程度　　　　　單位：%

	中國	印尼	泰國	美國	歐盟	日本	韓國
專業服務	67	57	50	63	63	66	81
電腦服務 *	70	60	83	100	100	100	100
郵遞服務 *	25	0	0	63	63	50	63
電信服務 *	44	86	40	94	94	70	90
視聽服務	70	30	20	98	10	60	80
建築服務	62	67	77	83	83	62	100
配送服務 *	61	25	69	100	88	88	84
教育服務 *	25	55	65	55	40	50	39
環境服務	75	44	31	100	73	75	67
保險服務	63	25	55	50	58	75	78
銀行及其他金融服務	53	47	29	33	43	60	42
健康與社會服務	17	46	25	8	33	25	0
觀光服務 *	63	63	41	83	83	100	100
娛樂服務 *	34	19	53	94	59	100	53
海運服務 *	51	49	45	44	63	83	93
空運服務	56	53	40	29	73	50	84
輔助運輸服務 *	29	7	7	64	71	61	54

【註】* 表示：與美國、歐盟、日本、韓國的服務貿易自由化程度相比，中國落後先進國家 10% 以上的服務貿易自由化程度的服務業部門

資料來源：World Trade Organization, "GATS Score and 'Best' PTA Score for Each Member, by Selected Service Sectors," <http://www.wto.org/english/tratop_e/serv_e/dataset_e/index_best_pta_score_per_sector_e.xls>, 2012 年 8 月 11 日下載。

四、小結

從 ECFA 談判經驗來看，台灣內部對兩岸關係存在高度政治疑慮、沒有產業利益整合機制、沒有朝野共識、沒有社會共識，因此馬政府深怕被說 ECFA 造成失業、產業受害與所得分配惡化。馬總統不願意對中國開放 880 項農產品便是最佳例證。ECFA 只是一個架構協議，ECFA 早收清單對台灣的經濟開放幅度相當有限；相對的，ECFA 的成效就相當有限。

第二，馬政府太過倚賴中國政府的善意，沒有完整的全球經濟整合戰略，台灣至今仍無法突破參與東亞經濟整合體制的困境。兩岸簽訂 ECFA 後，台灣與新加坡的 FTA 談判缺乏推動決心，更遑論台灣與美國、日本及歐洲的自由貿易區談判都沒有啟動。[15]

第三，兩岸都在競爭國際資源，包括資金、人才與技術。至目前為止，馬政府的作法不僅沒有平衡兩岸資源的流動，反而造成台灣流往中國的資源更多，流入台灣的國際資源更少。

第四，ECFA 沒有有效提升台灣的國家競爭力，導致台灣對中國出口競爭力仍持續下降，外商投資台灣金額仍維持低檔，台灣的國內的投資動能仍持續下降。ECFA 早期收穫項目開放有限，對外商投資台灣的誘因有限，也不足以擴大台灣的內部投資。面對韓國建構東亞自由貿易

---

15 2011 年 7 月，新加坡在台資深官員向作者表示，台灣只想簽署架構協議，不想大規模開放的自由貿易協議，但是新加坡堅持雙方應該簽署實質、開放程度高的自由貿易協定，所以導致新加坡與台灣的協商進度緩慢。

中心與東亞經濟平台的顯著成效，台灣應該儘速調整全球經濟整合戰略與國內經濟開放規劃，以因應這項嚴肅的挑戰。

第五，固然馬政府強調 ECFA 是一個單純的經濟議題談判，但是中國政府仍附加政治意涵與條件。在談判過程當中，中國便要求馬政府對中國進行政治讓利，以交換中國對台灣的經濟讓利。在談判完成後，中國便威脅台灣必須堅持九二共識與反對台獨的政治基礎，否則兩岸協商談判與和平發展都會受到衝擊。這顯示 ECFA 的既有成果與後續談判是否能夠維持與持續推動，可能受到中國的政治干擾。

最後，要整合國內共識、協調各產業利益、抵擋中國的經濟力量、化解中國的政治企圖，這些都是相當艱難的事情。特別是，未來兩岸實質經濟整合協議會造成經濟結構轉型與所得重新分配的效應，台灣政府不能輕忽這些協議可能造成國內社會與政治的衝擊。針對未來兩岸實質經濟整合協議的協商結果，台灣政府應該透過公民投票讓台灣人民行使同意權。公民投票不僅可以增加台灣政府的談判籌碼、強化談判結果的正當性，同時也是以最低社會成本化解朝野對抗、凝聚國內共識與整合各產業利益的方式。

下一章將討論兩岸服務貿易協議分析其內容與利弊得失，該協議在 2013 年 6 月 21 日簽署，但是至 2013 年底都還存在很大爭議，導致立法院尚未通過該項協議。下一章將分析該協議的內容與利弊得失。

.

第六章

兩岸服務貿易協議
之利弊得失

一、兩岸服務貿易協議的內容

兩岸在 2013 年六月底剛簽訂服務貿易協議，協議主要內容包括三部分：文本（24 條文）針對雙方政府採取會影響服務貿易之措施，諸如透明化、提供行政救濟、公平待遇等規範；特定承諾表則載明雙方相互開放服務業市場之內容，雙方約定採取正面表列，未列出之服務部門除雙方於 WTO 作出承諾且現已開放者外，則屬尚未開放；服務提供者的具體規定，即防止第三方搭便車享有服貿協議相關優惠待遇，要求一方服務者必須在該方實質經營滿若干年（3-5 年）以上，始可在另一方設立商業據點時享有優惠待遇。

在兩岸服貿協議當中，大陸對台灣開放 80 項服務貿易項目，分為允許台商獨資或提高持股（40 項）、擴大台商經營之地域及業務範圍（15 項）、及簡化審批等促進便利化之措施（25 項）等三類。對台灣比較重要者包括電子商務、金融、文創、運輸物流、營建、環保、技術檢驗與分析、醫療照顧及禮儀服務等。

相對的，台灣對大陸開放 64 項，非金融業部分有 27 項係現行已開放陸資來台投資項目，屬新增或擴大開放項目包括非金融的 28 項及金融的 9 項。新增承諾除印刷業、老人及身心障礙者福利機構、演出場所經營、運動場管經營、洗衣、美容美髮、殯儀館及火化場等業別外，其餘均屬台灣 WTO 承諾之業別。

陸方承諾對台灣開放的重點項目如下：

- 電子商務：可在福建設立經營性電子商務網站，持股比例可達55%，服務範圍可及於全大陸。

- 資訊服務：放寬認定我電腦服務業者資質，僅需學歷及從業經歷即可評定資格，在臺灣的業績也可計入評定資質之條件，降低台灣業者市場進入門檻。

- 展覽服務：可獨資經營展覽公司，並授權江蘇等部分省市審批展覽許可，及可以不在大陸設立據點的方式在上海等部分省市舉辦展覽。

- 線上遊戲：對臺灣研發的線上遊戲產品進行內容審查的工作時限為2個月。

- 台灣圖書進口：簡化台灣圖書進口審批程序，建立台灣圖書進口綠色通道。

- 演出場所經營：可在大陸設立由台灣控股或占主導地位的合資、合作音樂廳、劇場等演出場所經營單位。

- 電影片後製及沖印：大陸電影片及合拍片可在台灣進行後期製作及沖印作業。

- 海運服務：陸方開放台灣試點獨資經營港口裝卸及貨櫃場服務，設立條件比照國民待遇。

- 旅行社及旅遊服務：在大陸投資設立旅行社的條件比照國民待遇，降低市場進入的門檻。

- 金融服務：支持臺灣保險業者經營交通事故責任強制保險業務；臺灣的銀行可申請在大陸設立村鎮銀行、經營人民幣業務的服務對象包括從第三地投資的臺商；放寬臺資證券公司的合資持股比例等。

　　台灣對大陸承諾而引發爭議比較大的項目包括：印刷業、美容美髮及洗衣服務、殯儀館及火化場、營造業、老殘照護機構、演出場所經營、中藥材批發。雖然大陸開放的項目比台灣多，但是大陸在世界貿易組織（WTO）的多邊開放程度只有 37.1％，所以對台灣的開放都是超WTO 的承諾。台灣的多邊開放程度為 58.2％，但沒有對大陸適用最惠國待遇，所以對大陸的開放大部分是低於或等於 WTO 承諾。[1]

　　這項協議應該會讓部分產業感到高興，但對台灣整體經濟不會有顯著的幫助。中國對台灣以「據點呈現」的開放模式為主，未來台灣的人才與資金會繼續流向中國。[2] 相對的，台灣沒有完整開放的戰略與策略規劃，只希望中國多對台灣片面開放，以滿足部分產業利益的需求，也沒有適當的開放配套作法，導致台灣部分產業的弱勢族群面臨生存壓力。

　　兩岸都不願意對彼此大幅度開放，導致預期成效相當有限。中華經濟研究院在 2013 年 7 月公布的評估報告指出，兩岸服務貿易協議對台灣總體經濟、服務貿易、服務產業及就業的影響，「均為正面效益，但效益幅度不甚顯著」，估計對台灣經濟總量的貢獻大約只有 0.025％-0.034％，因為「兩岸目前相互開放之程度仍相對有限，特別是我國對中國大陸的開放程度，仍有相當多部門尚未給予等同於外資之待遇」。

1　詳細計算方法請參見：Juan A. Marchetti and Martin Roy, "Services Liberalization in the WTO and　in PTAs," in Juan A. Marchetti and Martin Roy eds., Opening Markets for Trade in services-　Countries and Sectors in Bilateral and WTO Negotiations（New York: Cambridge University Press,　2008）, pp. 61-112.

2　不過，台灣不願意大幅度開放大陸資金與人才進入台灣，這個問題也有台灣自己的責任。

　　不過，整份評估報告在方法上有很大的侷限。中經院採用多國貿易分析模型（GTAP Model）評估自由化效益，但是該模型資料庫沒有服務業貿易數據及跨國投資數據，以 GTAP 模型來評估服務貿易自由化的效益存在很大限制。所以，中經院試圖採用其他方法取得相關數據，以符合該模型的需求，但卻未必能突破該模型的限制。而且，這項報告沒有評估經濟安全、經濟轉型成本及國際談判的外溢效應，而這些是台灣內部爭議最大的議題。

　　特別是，兩岸服貿協議大部分開放是「商業據點呈現」，「跨境交付」的開放比較少，例如台灣業者必須到大陸投資電子商務。因此，如何準確評估資本與人員流動的效應便很重要。然而，中經院的評估並沒有區分資本所有人與員工的國籍，難以準確評估兩岸服貿協議效益。例如，陸資來台投資會增加該產業產值，但是台籍企業與原來員工卻可能受到負面衝擊。

　　此外，中經院僅評估陸資來台效益，卻沒有評估台資赴陸的效益。最近幾年，台灣投資大陸的金額都超過百億美金，但是陸資來台每年金額差不多二億美元。中經院的報告可能高估兩岸服貿協議對台灣的正面效益，而且嚴重低估對台灣的負面效益。

　　兩岸服務業的互補性相當高。台灣有良好的服務業基礎，產值占 GDP 七成，就業人口占五成八，對台灣經濟相當重要。但是，過去十年，服務業對台灣經濟成長的貢獻率卻只有四成五；相對而言，製造業占台灣 GDP 不到三成，貢獻率卻高達五成五。如何透過改革與開放提振台灣服務業競爭力，是台灣擺脫悶經濟、重拾活力的關鍵要素。

　　不過，台灣服務業以中小企業為主，在開放過程需特別考量中小企業的競爭壓力與調整成本。目前台灣服務業約有九十三‧五萬家，大型服務業只有二九七一家，中小企業高達九十三‧三萬家。相較美、日平均每家企業員工十五人及八‧六人，台灣只有四‧二人，顯示台灣服務業規模相當小。[3]

　　面對全球服務貿易的快速成長，台灣服務貿易的出口競爭力卻節節衰退，在 2000 年的世界排名為第 18 位，2012 年的排名衰退到第 26 位，去年便退步兩名。不僅大陸、印度、日本、新加坡、香港、韓國等國遙遙領先台灣，泰國也超過台灣，澳門更是緊隨在後。因此，如何透過內部經濟結構調整與區域貿易協議的開放發揮台灣服務業的競爭優勢，對台灣經濟發展非常重要。

　　相對的，大陸服務業還相當弱勢，僅占 GDP 的 44.6%，是「十二五規劃」的發展重點，但對外開放仍相當保守。在雙邊貿易協議上，大陸除了對香港的服務業開放程度比較大，超出 WTO 多邊承諾 10.7 個百分點之外，對其他國家的平均開放程度僅增加 2.6 個百分點。[4]而且，大陸的開放幾乎都是「據點呈現」的開放，而不是「跨境交付」的開放。也就是說，大陸希望以開放外商投資項目的方式開放服務業，一則

3　鄭琪芳，〈星期專訪台灣大學經濟系主任鄭秀玲：服貿協議重傷經濟應立即停止〉，《自由時報》，2013 年 7 月 1 日。

4　詳細計算方法請參見：Juan A. Marchetti and Martin Roy, "Services Liberalization in the WTO and　in PTAs," in Juan A. Marchetti and Martin Roy eds., Opening Markets for Trade in services-　Countries and Sectors in Bilateral and WTO Negotiations (New York: Cambridge University Press, 2008), pp. 61-112.

方便在境內管理，並透過審批調控開放速度，二則有助於境內投資與增加就業。

基於語言與文化的相似，大陸服務業市場將提供台灣服務業發展的重要腹地，而台灣服務業的發展經驗與人才也提供大陸服務業發展的重要動能。然而，要如何突破雙方開放服務業的障礙，包括可能對弱勢產業與勞工的衝擊及政治的顧慮，需要採取創新的開放途徑。

台灣必須有完整的服務業發展與開放戰略，才不會造成國際競爭力持續衰退、資金與人才持續外流。台灣應整合國內服務業利益與優勢，透過談判要求兩岸大幅度相互開放，台灣才能利用中國的市場擴展台灣服務業的經濟規模，並且吸引更多國際投資與人才。然而，至今馬政府並沒有提出完整的服務業開放戰略，在過去兩年半的談判期間，馬政府也沒有提出兩岸服務貿易協議的談判戰略。

即使沒有服務業整體開放的戰略，馬政府也應該有兩岸服務貿易協議的談判策略。根據目前兩岸服務貿易發展的狀況，台灣的談判策略可以分成五個面向要求中國開放服務業：已經對其他國家開放的項目、對香港特別開放的項目、十二五規劃的服務業發展重點項目、台灣較中國開放程度高很多的項目、中國相對弱勢與台灣相對強勢的項目。

審視此次協議，除了電子商務有較大的突破之外，中國對台灣開放的服務業非常侷限。中國對其他國家已經開放的項目，台灣還有 1 項沒有爭取到：人員安置服務。

其次，中國對香港特別開放 22 項目，但是台灣還有 6 項沒爭取到，包括法律服務、城市規劃與風景園林設計服務、教育服務、環境質量監測服務、污染源檢查服務與導遊服務。

第三，中國十二五規劃的重點服務業共有 16 項，台灣有 9 項沒爭取到，包括現代物流、高技術及商業等生產性服務業，商貿與家庭等消費性服務業，軟件信息、中醫藥、商貿流通等新興服務貿易部門，及教育產業。

第四，台灣較中國開放程度高很多的項目共有 7 項，台灣有 3 大部門沒爭取到，包括商業部門、分銷部門與教育部門。

第五，中國較弱勢的服務業部門有 4 項，台灣有 3 項沒爭取到：保險服務、專利使用費及特許費服務。

在配套措施方面，馬政府沒有進行完整的影響評估、沒有與業界與朝野進行充分溝通、進行產業利益整合、沒有產業轉型與協助企業及勞工之配套措施。這樣粗糙的談判過程與結果很容易造成台灣部分產業的弱勢族群面臨嚴重的生存壓力，例如美容美髮業與印刷業，還有 20 萬美元投資的中國企業便可以派遣 2 人為管理人員的條件似乎太寬鬆。雖然台灣有些連鎖業者或大型企業可能會到大陸設立公司營運，但是台灣不少中小型企業將可能面臨大陸大型企業到台灣投資經營的競爭壓力。

二、兩岸服務貿易協議的效益評估

中經院的兩岸服務貿易協議經濟影響評估結論是：對總體經濟、服務業進出口、服務產業及就業之影響，「雖均為正面效益，但效益幅度不甚顯著」，僅為台灣 GDP 增加 0.025~0.034%。不僅如此，所有開放的服務業分類之產值與就業，沒有一項是負面的影響，全部都是正面的。以下先提三個問題，再提出八點觀察。

問題一：如果兩岸服貿協議「均為正面效益」，而且陸委會強調，服務業是台灣的競爭強項，台灣豈不應更大幅度對大陸開放？然而，兩岸相互開放程度非常有限，而且台灣不敢對大陸適用最惠國待遇。為何台灣不願意對大陸大幅度開放？

問題二：既然兩岸服務貿易協議都是正面效益，台灣政府何須輔導與補助台灣業者？為何政府說兩岸服務貿易開放是「利大於弊」，卻完全沒有提出對台灣產業的「弊」在哪裡？

問題三：如果兩岸服貿協議開放「效益幅度不甚顯著」，為何政府不斷說為台灣企業爭取到廣大商機？

以下分八點評估兩岸服務貿易協議效益的模型與台灣政府的談判策略。

首先，中經院採用多國貿易分析模型（GTAP Model）評估自由化效益，但是該模型資料庫沒有服務業貿易障礙量化數據及跨國投資數據。因為數據限制，以 GTAP 模型來評估服務貿易自由化的效益存在很

大的限制。所以，中經院試圖採用其他方法取得相關數據，以符合該模型的需求，但卻未必能突破該模型的限制。

第二，關於服務貿易的開放程度計算，中經院試圖以引力模型取得「約當關稅」作為衡量服務業貿易障礙之指標，然而在兩岸服務貿易協議實施之前並無法取得該項數據。所以，中經院再以中國對香港在 CEPA 之約當關稅作為中國對台灣之約當關稅降幅推估，並且以台灣主要貿易夥伴（日韓美歐）作為台灣對中國之約當關稅降幅推估。進一步，中經院再考慮實際兩岸服務貿易協議之內容，再進行「適當」修正開放程度數據。也就是說，中經院不是實際在分析兩岸服務貿易協議的效果，只是利用其他國家的模擬數據作為兩岸服務貿易開放程度，再加上中經院的修正數據「推估」兩岸服貿協議效果。

然而，中經院的作法與世界貿易組織的計算服務貿易開放程度有很大的落差。世界貿易組織並不是利用約當關稅的方法來計算雙邊服務貿易開放程度，而是利用 Juan A. Marchetti 與 Martin Roy 評估每項服務貿易項目開放程度的方法計算。[5] 中經院捨此不為，大概只是為了符合既有的 GTAP 模型，卻無法精準評估兩岸服貿協議的效果。

第三，由於數據的限制，導致 GTAP 在分析兩岸服務貿易協議效益存在很大的限制。陸委會認為，兩岸服務貿易協議的開放效益被低估，

5　Juan A. Marchetti and Martin Roy, "Services Liberalization in the WTO and in PTAs," in Juan A. Marchetti and Martin Roy eds., Opening Markets for Trade in services- Countries and Sectors in Bilateral and WTO Negotiations（New York: Cambridge University Press, 2008）, pp. 61-112.

因為兩岸的服務貿易金額與結構都被低估，所以 GTAP 無法顯現兩岸服務貿易協議的真正效益。但是，馬總統與中經院都說兩岸服務貿易開放程度不夠大，才導致兩岸服務貿易協議效益不大。到底哪一種說法正確？

第四，兩岸服貿協議大部分開放是「商業據點呈現」，「跨境交付」的開放比較少，例如台灣業者必須到大陸投資電子商務。因此，如何準確評估資本與人員流動的效應便很重要。然而，中經院的評估並沒有區分資本所有人與員工的國籍。亦即，陸資來台投資會增加該產業產值，但是台籍企業與原來員工卻可能受到負面衝擊，這些效應沒有納入評估。

第五，中經院僅評估陸資來台的效益，卻沒有評估台資赴陸的效益。特別是，最近幾年，台灣投資大陸的金額都超過百億美金，但是陸資來台每年金額差不多為二億美元。中經院的報告可能高估兩岸服貿協議對台灣的正面效益，而且嚴重低估對台灣的負面效益。

第六，陸委會說，我方同意出價的行業，事前皆經目的事業主管機關與業者溝通，作成評估，屬於利大於弊或衝擊可因應，才同意開放。但是，很多業者表示沒有被徵詢，更不用說溝通。而且，政府是到 2013 年 7 月中旬才請中經院完成兩岸服務貿易協議的評估報告，陸委會卻說政府早已有評估。

第七，陸委會說，大陸對我開放的 80 項服務業均是 WTO+ 的待遇，是「高標」的開放。這有誤導之嫌。按照 WTO 計算方式，雖然中國開放的項目比台灣多而且都是 WTO+ 的待遇，但是中國在 WTO 的多

邊開放程度只有 37.1％，所以對台灣的開放都是超 WTO 的承諾。台灣的多邊開放程度為 58.2％，但沒有對中國適用最惠國待遇，所以對中國的開放大部分是低於或等於 WTO 承諾。

最後，2009 年經濟部公布中經院的 ECFA 評估報告，認為 ECFA 會為台灣 GDP 增加 1.65 ～ 1.72％，服務業會增加 22.3 萬人的就業人數，而且自由化的範圍擴及到服務貿易與直接投資，將使台灣 GDP 成長率增加一倍。但是，中經院現在的評估報告卻說，台灣 GDP 僅會增加 0.025 ～ 0.034％，服務業就業人口大約增加 1.1 萬人。政府應該解釋這些數據的差異，才能取信於民。

三、如何共創兩岸雙贏

截至 2013 年底，兩岸服務貿易協議仍在等候立法院審查。在野黨批評馬政府協商黑箱、溝通不夠、配套不足等理由要求兩岸服貿協議必須逐條審查，而且召開十六場公聽會後才能進行審查，讓整個服貿協議審查時間拖延已經半年，仍不知道未來立法院是否能通過兩岸服貿協議。台聯黨完全反對兩岸簽署服貿協議，民進黨的立場則是不反對兩岸簽署服務貿易協議，但是認為兩岸開放沒有對等互惠，要求馬政府重啟兩岸服貿協定談判。[6]

6 　張麗娜，〈蘇貞昌：服貿協議不對等 應重啟談判〉，《蘋果日報》，2013 年 11 月 23 日，<http://www.appledaily.com.tw/realtimenews/article/new/20131123/297385/>，2013 年 12 月 1 日下載。

　　服務業對台灣經濟相當重要，產值占 GDP 七成，中國服務業還相當弱勢，僅占 GDP 的 44.6%，兩岸服務業的互補性相當高，台灣服務業的發展經驗可以作為大陸服務業發展的效法對象，而大陸服務業市場規模則提供台灣企業壯大的重要腹地。然而，在此次談判中，中國仍對台灣讓利，並以「據點呈現」的開放模式為主，未來台灣的人才與資金會繼續流向中國。相對的，台灣沒有完整開放的戰略與策略規劃，只希望中國多對台灣片面開放，以滿足部分產業利益的需求，導致兩岸開放幅度不大，而且馬政府缺乏溝通與相關配套的作法，可能造成弱勢企業缺乏救濟方式，造成弱勢企業與勞工面臨生存壓力。

　　台灣的主要競爭對手韓國已經與美國、歐盟、東協、印度等主要貿易夥伴簽署服務貿易協議，而且開放程度都非常顯著，而且正在與中國及日本進行談判。例如，運用世界貿易組織計算服務貿易開放程度的方法，韓國對美國服務貿易開放程度從最惠國待遇的 48.8%，大幅增加到雙邊服務貿易協議的 67.0%，開放程度與幅度遠超過兩岸服貿協議。相對之下，台灣至今沒有與美、歐、日、東協等主要貿易夥伴談判服務貿易協議，台灣企業在國際上受到韓商的排擠壓力不言可喻。

　　如何運用兩岸共源同文的優勢發展台灣的服務業，是台灣的契機，也是台灣的生存法則。然而要突破當前兩岸經濟合作與整合的瓶頸便需採取創新的模式。首先，如果大陸改變對台灣的外交打壓與軍事威脅之一貫作法，台灣人民會比較願意接受大幅度的兩岸經濟開放；否則台灣人民的恐中、反中情緒氾濫將阻礙兩岸經濟大幅度開放的作法，因為台灣人民會擔心兩岸經濟開放的國家安全因素。這也是為何馬英九上台至

今，台灣開放大陸來台投資、兩岸經濟合作架構協議、兩岸服務貿易協議的開放程度都相當有限的重要原因。

事實上，過去十年，即使大陸拼命對台灣讓利，台灣人民並沒有感受到大陸政府的善意，台灣人民的顧慮應該是大陸的外交打壓與軍事威脅。根據政治大學選舉研究中心的調查，過去十年，台灣民眾認為大陸政府對台灣人民不友善的比例維持在 40-50％之間。特別是，在兩岸簽署 ECFA 不到半年，台灣民眾認知大陸政府不友善的比例竟高達 48.3％，超過大陸在 2005 年公布反分裂國家法後二年期間的比例（見 P.127 的圖 6-1）。

其次，大陸不要反對或阻撓台灣參與區域經濟整合協議，才有助於台灣人民支持兩岸經濟交流更加開放。在兩岸政治與軍事對峙的情勢下，台灣朝野對於台灣經濟依賴大陸都有很高的警覺性。如果台灣能順利參與區域經濟整合協議，台灣朝野政黨（特別是在野黨）要反對兩岸經濟交流開放的聲音會比較小。[7] 例如，當台灣加入世界貿易組織，民進黨政府從 2000 年以後對大陸進口項目開放幅度便增加 20 個百分點，並沒有引起台灣內部的明顯反對；相對之下，馬總統上台至今，幾乎沒有進一步開放大陸進口項目。

7　前民進黨主席蔡英文認為，台灣應該避免過於依賴中國這個「單一市場」，應該加速推動台灣與美、歐、日本等 WTO 成員的自由貿易協定談判。朱真楷〈蔡英文：兩岸經貿 應互利共生〉，《中國時報》，2013 年 11 月 13 日，< http://news.chinatimes.com/politics/11050202/112013111300119.html>，2013 年 12 月 1 日下載。

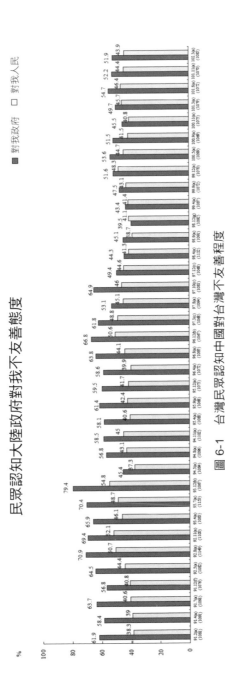

圖 6-1　台灣民眾認知中國對台灣不友善程度

資料來源：行政院大陸委員會，<http://www.mac.gov.tw/public/Attachment/3325162148848.gif>，2013 年 6 月 20 日下載。

　　第三，兩岸推動試點開放與次區域經濟合作作為全面開放的初期作法，逐步累積兩岸經濟交流的成功經驗與降低風險。建議從三個層次同時推動：多點的港口合作、雙點的金馬合作及兩岸自由貿易試驗區、單點的平潭自由經濟特區。多點的港口合作包括空港與海港，由台灣的海港（高雄、台中、台北、基隆、花蓮等等）與大陸沿海的海港（廣州、深圳、廈門、上海、青島、天津、大連），及台灣的重要空港（松山、桃園、高雄）與大陸的重要空港（廣州、深圳、廈門、上海、北京）成立兩岸協作平台，進行港務的合作與協調。這些都有共同利益與課題，讓雙方在推動時比較有動力支持。下一章將詳細說明兩岸次區域經濟合作的內涵與建議方式。

　　第四，台灣政府必須有完整的服務業發展與開放戰略，才不會造成國際競爭力持續衰退、資金與人才持續外流。台灣應整合國內服務業利益與優勢，透過談判要求兩岸大幅度相互開放服務貿易，台灣才能利用中國的市場擴展台灣服務業的經濟規模，並且吸引更多的國際投資與人才。

　　第五，台灣政府應該有兩岸服務貿易協議的談判策略。根據目前兩岸服務貿易發展的狀況，台灣的談判策略可以分成五個面向，來要求中國開放服務業：中國已經對其他國家開放的項目、中國對香港特別開放的項目、中國十二五規劃的服務業發展重點項目、台灣較中國開放程度高很多的項目、中國相對弱勢與台灣相對強勢的項目。

　　第六，台灣政府必須要有完善的配套措施，才能減少台灣內部反對開放的群體。針對兩岸服務貿易協議，馬政府沒有進行完整的影響評

估、沒有進行業界與朝野充分溝通、沒有完善產業利益整合、沒有產業轉型與協助企業及勞工之完善配套措施。這樣粗糙的談判過程與結果很容易造成台灣部分產業的弱勢族群面臨嚴重的生存壓力及各種疑慮。

最後，兩岸服務貿易協議是否能落實，很多開放涉及到中國的行政審批，台灣政府應該定期檢討與聽取業者的看法，才能確保台灣產業與企業的利益。即使大陸開了部分服務貿易項目的大門，但還有很多小門需要後續協商落實，台灣政府即使與大陸簽署服貿協議，也不可輕忽，應該持續追蹤後續執行狀況。

兩岸經濟整合要突破的困難度相當高，應該可以透過兩岸次區域的方式先進行試點經濟整合與合作，藉此增加兩岸經濟整合與合作的利益，同時降低風險，才能擴大合作領域與區域。這樣的整合與合作模式在下一章討論。

第七章

兩岸次區域經濟合作

　　截至目前為止，兩岸經濟合作與整合仍相當困難，大部分都是片面開放政策或市場力量主導。即便馬總統上台後，台灣對大陸開放的步伐仍相當有限，過去設下的片面限制仍有很多沒有取消，而且雙方簽署的協議開放幅度也相當有限。即便過去兩岸政府為產業界進行搭橋計畫，促進兩岸產業的合作與交流，至今成效也相當有限。在提倡的十九項產業合作當中，目前只有通訊、LED 照明和冷鏈物流三個項目進入共同進行試點的層次，以及太陽光電在檢測認證上取得了進展。其餘項目大多停留在簽署了合作意向書，但未進入實質性合作的階段。

　　以下將提出兩岸次區域經濟整合的創新模式，規避兩岸政治衝突與敏感部分，讓兩岸從次區域經濟合作累積合作共識與利益，再逐步擴及兩岸整體的全方位開放與整合。亞太地區多層次的次區域經濟整合非常活躍，帶動更大規模的區域經濟整合動力及深度，值得兩岸效法他們推動經濟合作與整合的方式。特別是，中國透過放權讓利活化地方政府的積極性與誘因，積極推動中國經濟改革與開放的成功經驗非常值得台灣借鑑。

一、亞太次區域經濟合作之概況

　　在新自由主義引導下，上個世紀八零年代以來，經濟全球化不但推動已開發國家的持續成長，也讓開發中國家獲得大量國際投資與融入國際貿易網絡的機會，迅速累積重要的資本、技術、與產業。然而，全球化也帶來發展機會的不均等現象，不論從社會階層或是空間分佈角度，全球化很難讓所有人與所有地區一體受惠。尤其是對於開發中大國，如

中國而言，選擇以次區域進行跨國產業對接合作，變成是發展初期，能夠突顯其局部相對優勢的一種戰略作法。

從生產要素國際移動的全球化觀點，選擇以次區域經濟合作做為經濟發展戰略，能夠讓一國國內具有相對比較利益的地區，得以快速掌握發展契機與提升國際競爭力，並且以試點開放突破國內生產要素或部門的保護主義。就均衡發展的觀點而言，選擇以次區域做為發展主體，也有助於發展相對落後地區尋找與聚焦共同發展議題，集中發展之投入與呈現產出之效果，而達到互利雙贏，一體發展的目標。

在亞洲各國間，過去有許多採取次區域作為經濟發展戰略的案例。以中國為例，其次區域發展模式上的特徵可以總括為：中央對地方實施若干程度的規劃權與財政權下放，以及中央政策在地方實施鬆綁的特別安排，本質上並具有一定的排他性與特殊性。[1] 上述特殊安排的主要特徵，在於讓所選定的次區域，透過接軌市場經濟制度與降低市場障礙的方式來接軌國際投資與貿易體系，使得中國在勞力成本與土地使用上的比較利益得以結合外國資本與技術，快速發展加工出口型經濟，最後達到深化技術、促進產業發展以及累積資本的目標。基本上，這是一種「中國次區域 VS 全球」的模式。

在中國沿海城市所代表的第一波次區域發展戰略獲得重大成就之後，中國也規劃相關戰略以平衡相對落後地區的發展。就中國地理上的

1　曹小衡，〈中國大陸次區域經濟合作發展戰略與政策觀察〉，「台灣智庫兩岸與區域經濟論壇」演講稿，2012 年 12 月 29 日。陳德昇，〈中國次區域經濟發展的戰略與政策〉，「台灣智庫兩岸與區域經濟論壇」演講稿，2013 年 1 月 7 日。

特殊屬性，除了綿長的海岸線足以發展面對海洋的對外貿易經濟，居於內陸省分的次區域發展也利用陸域疆界與東南亞、南亞與中亞眾多國家接壤的特性，發展邊境貿易經濟與參與國際性的共同開發計畫，進一步達到發展內陸次區域經濟與發展鄰國外交關係的多重目標。[2] 這種是屬於「中國次區域 VS 個別國家或其次區域」的一種模式。類似的案例可以見諸北韓在開城工業區上的設計，以及印尼在巴淡島上結合新加坡開發特別經濟區上的設計。

系統性歸納以上次區域發展的脈絡，次區域經濟合作的目的除了發展經濟之外，在若干案例上也有維繫區域安全與穩定上的考量。安全穩定與經濟發展恰是台灣當前國家發展所面臨的兩大挑戰。因此，如何因應亞洲國家間動態變化的次區域發展趨勢，並藉由次區域經濟戰略來突破台灣與其他國家進行 FTA 談判的內外部困難，並進一步促進區域間安全與穩定，是本章要探討的重要課題。

二、兩岸的次區域經濟合作經驗

㈠ 中國次區域發展整體戰略與特點

在亞洲國家間，中國是運用次區域作為經濟發展戰略最多的國家之一，加上兩岸地緣與經濟合作上緊密的關係，使得中國次區域發展整體戰略與成效，成為台灣乃至於其他亞洲國家經濟發展必須重視的課題。

2　楊昊，〈東協與中國的次區域經濟合作經驗〉，「台灣智庫兩岸與區域經濟論壇」演講稿，2013 年 4 月 22 日。

因此，兩岸試點開放與次區域經濟合作的方式是必須思考的道路。不過，鑑於海峽西岸經濟特區與平潭綜合實驗區的成效不彰，需要我們分析大陸與其他國家合作的成功經驗，再檢討既有兩岸次區域合作模式的問題並提出創新的作法。本節綜觀其整體戰略及成效，歸納出戰略特色與運作模式如下：

1. 兼顧發展區域經濟與穩定地緣政治

就戰略規劃而言，中國次區域發展基本可分為「面對全球」與「面對鄰近國家或次區域」的兩種模式。就中國經濟發展之脈絡過程，1978年改革開放後的第一波次區域經濟發展，係以沿海省市為主體，實施次區域對全球的連結與合作。在經濟崛起後的階段，為平衡內陸省市的發展需要，而開始推動以內陸省分對周邊鄰國合作為主的第二波次區域發展。就戰略目標上，第一波之主要訴求以經濟發展為主體，而第二波的戰略目標不僅帶動相對落後區域之發展，更帶有地緣政治的考量，以提升中國在亞洲地區國際議題主導地位為目的。[3]

目前兩波的次區域經濟發展戰略仍在持續演進當中，故中國的次區域戰略基本上採取「多形式」、「多方位」的觀點。[4]所謂「多形式」主要具體展現在經濟特區、中國 - 東協自由貿易區（CAFTA）、區域經

---

3 曹小衡，〈中國大陸次區域經濟合作發展戰略與政策觀察〉，「台灣智庫兩岸與區域經濟論壇」演講稿，2012 年 12 月 29 日。陳德昇，＜中國次區域經濟發展的戰略與政策＞，「台灣智庫兩岸與區域經濟論壇」演講稿，2013 年 1 月 7 日。

4 曹小衡，〈中國大陸次區域經濟合作發展戰略與政策觀察〉，「台灣智庫兩岸與區域經濟論壇」演講稿，2012 年 12 月 29 日。

濟合作論壇（APEC、ASEM）、鄰國地區整合性次區域經濟合作（港澳CEPA、大湄公河次區域合作）等數種形式。「多方位」則具體展現在相應不同的個別地區搭配對外之次區域合作，如大湄公河次區域、中越「兩廊一圈」、泛北部灣「一軸兩翼」等多個次區域合作；東北亞區域的大圖們江地區開發合作；以及中亞區域，透過天山北坡帶動西部對中亞開放。

2. 立基於比較利益與共同課題

固然次區域合作發展兼具繁榮地方與穩定地緣政治的戰略目標，但要穩固跨國間長期的合作關係，並引導私部門投入資本促成真正的經濟發展，不但要具備經濟上合作的比較利益之外，亦須具備某種長期存在的共同課題，讓雙方在共同長遠利益上，建立合作與互利雙贏關係。以大湄公河次區域合作為例，不但著眼於中國西南省份與中南半島各國之間的資源比較利益互補，亦因為中國與湄公河流域諸國，存在湄公河水力開發與治水的共同長遠利益，使得各國足以在其核心基礎上，擴大合作範圍至交通、旅遊、邊境貿易等多面向領域。

3. 借重國際平台與引進外部資源

在許多中國與鄰近國家所推動的次區域合作，國際型的第三協作平台以及外部資源的挹注，對於次區域合作的協調與推動，扮演了相當重要的角色與功能。以大圖們江計畫為例，最早概念雖是由中國專家丁士晟所提出的「東北亞未來金三角：圖們江三角洲」而來，然而探討該概念是否可行的平台，卻是由美國東西研究中心（East-West Center）、聯合國開發計畫署（United Nations Development Plan, UNDP）與中國亞太研究會所共同促成的。在 2005 年的大圖們江計畫（Greater Tumen

Initiative, GTI）中，不但是由 UNDP 主動提出，且由其主導成立諮詢委員會、計畫秘書長、國家協調人員、與各項發展領域委員會等組織，並搭配數百萬美元不等的技術支援費與信託基金。在這個架構下，包括蒙古、中國、北韓與南韓等國家逐步展開多邊合作，並引導非政府組織與民間企業及投資者投入參與。

4. 建立中央與地方的協作關係

就推動體系而言，中國次區域發展戰略相當強調中央與地方分權協作關係的建立。在規劃層面上，中央負責處理「十二五規劃」層級對外展開合作的戰略原則與宣示，以及整合不同省市在次區域發展計畫中的角色與議題；各地方政府則協調提出各項具體發展目標、合作對象、實際推動內容與資源需求等規劃，以充分考量各地區實際經濟發展條件與發展訴求。雖然地方有充分自主的提案與規劃權，然而就中央所設定的多元目標下，地方政府仍需要在整體戰略目標與內容方向上符合中央政策，才能進一步獲得中央政府較為充分的資源支持，以提高自主規劃的可落實度與執行廣度。

5. 中央支持地方資源與制度創新

就資源投入關係上，中央政府對次區域發展上所投入的資源，主要在於基礎建設的投入（包括鐵路、公路與其他相關基礎建設的「鐵公基」專案）。在行政權限上，中央給予地方財政權、人事權與規劃權上重要的自主性，中央亦搭配地方在關務或其他行政上的配合。此外，中央經常以試點先行的方式突破既有開放的格局，給予地方在開放政策上的特許。

以昆山綜合實驗區為例，原本昆山市作為江蘇省蘇州市轄下的一個縣級市，不論在財政資源、基礎建設與法規權限上都有其限制，其比較利益僅有鄰近上海的地緣優勢，與國家級經濟技術開發區的基礎建設與配套條件。然而在兩岸經貿關係進入 ECFA 後時代的情勢下，為發揮昆山本身台商群聚優勢的比較利益，做為兩岸深化產業合作的重要試點，中國國務院在近期政策上已經明確要求「結合 ECFA 後續協商，積極研究在昆山試驗區先行先試的對台合作政策措施」，並具體給予昆山市在人民幣台幣雙向現匯、設立兩岸合資證券公司與基金管理公司、以及給予台資企業適用加工貿易內銷便利化措施等制度上的創新空間。

6. 次區域經濟合作成效顯著與持續

整體而言，中國在上述的推動戰略與條件安排下，目前在各項次區域經濟合作上，均取得相當顯著的成效。以大湄公河計畫為例，就穩定地緣政治的觀點上，中國與湄公河流域的東協各國歷年來在合作項目範圍不斷擴大，使得中國與東協的共同戰略利益關係不斷深化。自 1992 年至 2010 年底，大湄公河次區域成員國在交通、能源、電信、環境、農業、人力資源開發、旅遊、貿易便利化與投資九大重點合作領域推動 227 個合作項目，共投入資金約 140 億美元。2011 年 10 月底更啟動了中、老、緬、泰四國湄公河流域執法安全合作機制，代表該次區域安全合作已經進入了實質性階段。而就發展地區經濟的觀點上，2011 年中國與大湄公河次區域五國的貿易總額已經突破 1,000 億美元；就廣西而言，對越南出口貿易額在 2008 年成長率達到 93.69%，絕對金額近年來仍處於持續穩健擴大之態勢。

㈡ 中國對台灣之次區域戰略及成效

1. 中國對台次區域戰略超越單純地域性考量

　　中國對台灣的次區域經濟合作戰略，大致亦遵循「發展地區經濟」與「穩定兩岸關係」的戰略目的來展開。然而，由於兩岸政治關係的特殊性與中國本身競爭型地方主義的結構性因素，使得中國對台的次區域戰略，並不似中國與東協、南亞與中亞國家的合作關係，目的在促進西南、西北與東北等邊界省分的經濟發展。中國對台推動產業合作的地區，並不限於台灣海峽西岸的福建省或海西區，而是呈現「多區域並進的多對一合作關係」，使得中國對台次區域戰略，跨越了單純的地域性考量。

2. 中國對台次區域戰略具有四個特點

　　中國對台次區域戰略，呈現幾個有別於其他次區域經濟合作的特點：

(1)　各區域提出的對台合作戰略必須配合中央的整體政策。

(2)　中國各區域對台經濟合作上的競爭性地方主義更加明顯。

(3)　兩岸特殊關係使得國際性平台與外部資源難以介入。

(4)　既然國際平台與外部資源難以介入，中國次區域的比較利益條件是否能夠創造雙邊的共同利益，以及兩岸是否具備協作平台更形重要。

3. 制度創新與比較利益同樣重要

就海西區（包含平潭綜合試驗區）與昆山綜合試驗區比較，海西區本身的比較利益遠低於昆山，以目前的經濟規模與經營環境，相對其他次區域發展條件的差距，主要可以表現在以下幾個層面上：

(1) 海西區產業結構仍屬二級製造產業，缺乏高端服務業，且在面對中國內需市場的高品質物流業，加上整體勞動成本上升，台灣製造業投資意願不高。

(2) 租稅優惠與土地安排吸引的大多是製造業，要吸引更高端的研發與相關服務業，必須有更好的生活制度與生活環境，海西環境顯然不如長三角。

(3) 海西區基礎設施仍然相當不足，影響其一體化的條件；此外海西區具有實力的高等教育機構顯著不足，僅廈門大學一家，無法即時提供在地人才。

在整個中國對台合作採「多對一」的內部競爭特性之下，海西區並沒有額外突出的比較利益，也尚未創造出其他次區域所無法複製的兩岸共同利益課題。向中央爭取制度創新的權限上，海西區亦沒有取得絕對與相對優勢。

4. 缺乏共同合作項目與兩岸協作機制導致成效不彰

若綜合觀察中國推動對台次區域經濟合作的成效，關鍵在於兩岸是否存在具體且長期的共同合作項目，以及兩岸官方、半官方、民間是否建立制度性的協作機制。以目前中國在平潭綜合試驗區所提之五個共同（共同規劃、共同開發、共同經營、共同管理、共同受益）等方向，

雖然初具兩岸協作的精神，然而由於此概念係由中國單方面所提出的設想，並未獲得兩岸共識，且平潭島的共同開發，並非屬於兩岸長期共同合作的優先課題，因此難以獲得台灣合作的意願。

㈢ 台灣次區域發展整體戰略與成效之檢討

1. 缺乏跨經濟體間實施次區域經濟合作的戰略規劃

從中國結合其他國家推動次區域經濟合作的模式與特點，觀察目前台灣推動次區域發展的整體戰略，[5] 目前台灣經建會在推動戰略上的思維與政策缺失如下：

(1) 台灣促進各次區域發展的規劃與做法仍限於國土空間內部定位分工與資源分配的內向思維，缺乏與其他經濟體合作以促進內部次區域發展的整體對外戰略規劃。[6]

(2) 台灣中央與其他經濟體的中央政府，在既有的經貿對話機制上，缺乏跨經濟體間的次區域經濟合作，進行可行性研究與探討共同發展的利益課題。其原因在於台灣中央政府習於將整個台灣視為一體而

5　郭翡玉，〈區域空間發展規劃〉，「台灣智庫兩岸與區域經濟論壇」演講稿，2013年3月4日。

6　就台灣經建會所發佈的國土空間規劃政策內容，台灣在次區域總體發展戰略中大致可分成四個空間層次，第一種層次是作為世界網絡的關鍵節點（node），寄望在 ICT 研發製造、科技創新、農業技術、華人文化、觀光、亞太運籌門戶區位等領域能占有關鍵地位；第二層次是在全國階層上，強調三軸（中央山脈、西部創新發展、東部優質生活產業）、海洋環帶、離島生態觀光帶；第三層次是區域階層，包括三大城市區域與東部區域；第四層次也是最後一層是地方階層，包括七個區域生活圈及縣市合作區域。

忽略以地方做為跨國合作的有效選項之一，因此存在由上而下的治理失靈現象。

(3) 台灣地方推動「類次區域的戰略做法」僅限於少數縣市，且僅做為其發展地區經濟的補充做法之一，而非主要做法。如花蓮與日本沖繩縣若干島嶼的觀光合作，僅做為花蓮本身發展的策略選項之一。就地方而言，也存在由下而上的失靈現象。

(4) 在缺乏整體外向戰略規劃下，中央對次區域發展的政策工具安排，實際上就僅限於透過重大公共工程建設預算審查的優先性安排，引導地方政府配合國土空間規劃提案重大基礎建設計畫。此做法僅能強化次區域發展的比較利益，本質上缺乏推動跨經濟體之間的次區域發展資源與中央地方協作平台。

(5) 就地方而言，若要實際推動跨經濟體之間的次區域經濟合作，也面臨缺乏自主規劃權限與推動資源不足的問題。台灣中央對地方自治能耐上所採取懷疑態度，以及財政資源本身量能不足，衍生在授權地方制度創新上的保守主義。這使得即便地方有意推動對外的次區域經濟合作，也面臨無力落實的困境。

2. 小三通成效難以持續擴大與深化

從中央缺乏戰略規劃，到地方缺乏自主規劃彈性與資源，可概括描述目前台灣對中國的次區域戰略推動現狀。就目前兩岸經濟合作的相關政策，絕大部分係以中央主導規劃的政策層級為主，包括兩岸經濟合作架構協議、海基與海協兩會所簽署的 19 項協議，以及台灣經濟部與大陸工信部等推動的兩岸搭橋計畫等。這些政策的特色皆為由中央所主

導，並適用於整體區域的全國性政策，兩岸次區域在過程中並無直接參與，也並無細項配合的執行計畫。

在台灣面向中國的次區域合作內容上，目前大體只停留在城市發展上的共同探討，以及中國單方面對台灣縣市實施局部產業的便利性安排。前者如上海與台中曾經舉辦的「滬台城市發展與城市管理研討會」，後者如苗栗縣農產品在上海金山區成立「苗栗優質農產品外銷專區」等，均屬於缺乏完整性制度、資源挹注與具體推動措施的短期作法。過去台灣由中央支持並且由地方配合執行的對中國次區域政策，僅有金廈之間的小三通政策。

小三通的政策目標起初定位在緩和兩岸關係與作為兩岸大三通前的過渡性安排。在階段任務已經完成後，小三通開始面臨逐漸被邊緣化之危機，僅能靠成本優勢與陸客中轉的需求，來維持基本的營運規模。歷年小三通進出金門的人數成長逐漸趨緩，甚至呈現衰退（見表 7-1），而且旅客「過境不過夜」與「過境不消費」等現象對金門當地發展上的貢獻相當有限。[7]

---

7 邱垂正，〈小三通功能類型發展演進之探討〉，「台灣智庫兩岸與區域經濟論壇」演講稿，2012 年 10 月 1 日。

表 7-1　歷年金馬小三通統計表　　　　　　　　　　　單位：人次

年度	入境人數 總人數	出境人數 總人數	入出境人數總和
2001 年	12,734	12,735	25,469
2002 年	28,843	29,341	58,184
2003 年	83,110	84,247	167,357
2004 年	213,486	213,715	427,201
2005 年	277,033	278,240	555,273
2006 年	332,747	336,179	668,926
2007 年	386,763	391,902	778,665
2008 年	518,385	527,618	1,046,003
2009 年	684,015	688,390	1,372,405
2010 年	718,505	724,065	1,442,570
2011 年	754,736	759,282	1,514,018
2012 年	739,192	754,256	1,493,448
2013 年 1~9 月	504,227	513,046	1,017,273
合計	5,253,776	5,313,016	10,566,792

資料來源：內政部入出國及移民署。

　　從次區域經濟合作所需具備的各種條件檢視，金廈小三通成效有限的各種可能因素如下：

(1)　缺乏兩岸協作平台與長期合作項目：促進金廈交通便利性原本在兩岸交流正常化前具有一定的戰略重要性。然而，若金廈之間只有促進交通便利性的議題，則對兩岸而言，小三通並非長期不可被替代的比較利益，也並非可長期合作的項目與議題。

(2)　缺乏中央地方的協作平台：由於金廈之間缺乏具體且重要的共同課題，因此台灣中央在協助金門強化軟硬體，便呈現態度保守且作法消極，無法滿足金門在兩岸次區域合作中的定位規劃，也突顯出中

央對於兩岸務實推動合作上的作法一向不願意授權地方政府或徵詢其參與的意願。

(3) 缺乏中央的資源投入：既然缺乏合作項目與協作平台、中央自然難以持續挹注資源協助地方政府，積極改善當地基礎建設與健全觀光產業發展。

三、建立兩岸次區域經濟合作的新模式

本章嘗試從中國推動次區域經濟合作的整體戰略與特點，搭配兩岸在推動次區域經濟合作上的成效檢視，進一步檢視台灣在推動次區域經濟合作戰略上所面臨的問題，最後提出兩岸次區域合作的可能模式。

根據小三通的經驗，跨經濟體之間的次區域經濟合作，勢必須要有雙邊中央與地方共同參與的協作平台，並尋找長期可合作的重要共同課題，才能進一步建立各自的中央地方協作機制，與進行相關的資源調配與挹注。

因此，要推動兩岸次區域經濟合作，建議從三個層次同時推動：多點的港口合作、雙點的金馬合作與兩岸自由貿易試驗區合作、單點的平潭自由經濟特區。多點的港口合作包括空港與海港，由台灣的海港（高雄、台中、台北、基隆、花蓮等等）與大陸沿海的海港（廣州、深圳、廈門、上海、青島、天津、大連），及台灣的重要空港（松山、桃園、高雄）與大陸的重要空港（廣州、深圳、廈門、上海、北京）成立兩岸協作平台，進行港務的合作與協調。這些都有共同利益與課題，讓雙方在推動時比較有動力支持。

在雙點的合作方面,由於金門與馬祖為台灣的離島,孤懸在大陸外圍,無論在資源與規模上都相當侷限。因此,金門推動與廈門的次區域經濟合作,馬祖推動與福州的次區域經濟合作,有機會立足於共同利益課題,建立兩岸協作的平台,比較可能推動兩岸的次區域經濟合作。

以金門與廈門的經濟合作為例,克服地下水資源稀缺、霧鎖機場、大陸海飄垃圾與海洋污染、地雷與彈藥庫的全面清除、空港與海港航運合作、自由貿易港、雙方交通連結與電力支援等,以及爭取成為兩岸重點制度整合的先行先試區,這些都是金廈間可尋找共同利益課題。金門與廈門可以成為兩岸經濟交流、展覽與洽商的平台,讓兩岸的企業、產業、資金、人才、制度在此充分開放,包括開放兩岸教育、醫療、專業服務、電子商務等等各種服務業,成為兩岸先試先行的試點。

再者,台灣在 2013 年 8 月開始實施自由經濟示範區,但是實施細節仍在內部規劃與協調當中。自由經濟示範區的規劃內容係在自由化、國際化與前瞻性的核心理念下,促進人員、商品與資金自由移動、開放市場接軌國際、打造友善租稅環境、提供便捷土地取得、建置優質營運環境等,建構全面自由化、國際化的優良經商環境。此政策概念為效法南韓設置仁川自由經濟示範區政策,區內有貿易自由化、通關便捷及製造服務業化等前店後廠特色,視同自貿港區「虛擬境外」,沒有退稅或保稅問題,從海外進口零組件、半成品深層加工都免關稅,貨品出口完全免稅,但若貨品輸入關內課稅區則課稅。

示範區產業政策是以「高附加價值的高端服務業為主,促進服務業發展的製造業為輔」;第一階段將有智慧運籌、國際醫療、農業加值、產業合作四大產業進駐。此外在特別條例立法通過前,經檢討後具發展

潛力之產業，皆可隨時納入（即為 4+N），如規劃中的金融服務業（財富與資產管理），將以虛擬方式，先行先試（見圖 7-1）。

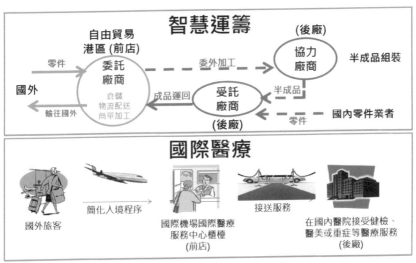

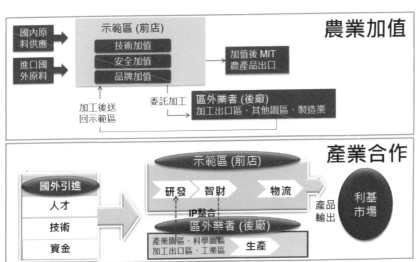

圖 7-1　台灣自由經濟示範區前店後廠圖示

資料來源：台灣行政院經濟建設委員會，〈自由經濟示範區第一階段推動做法〉，2013 年 8 月。

第一階段（特別條例公布前）以現行自由貿易港區為核心，包括六海一空自由貿易港區及 1 處農業生技園區，合計 16.5 平方公里，透過「前店後廠」委外加工模式，結合臨近園區及地方資源同步推動，做法上以僅需修改行政法規者優先辦理，並同步研訂「自由經濟示範區特別條例」，俟特別條例通過公布後，即展開第二階段的示範區推動工作（見圖 7-2）。

● 第一波示範區區位

> 自由貿易港區 7 處（含安平港）
> 農業生技園區 1 處
> 產業合作規劃以「前店後廠」方式推動
> 國際醫療優先於國際機場及港埠設置國際醫療服務中心

圖 7-2　台灣自由經濟示範區第一波示範區區位

資料來源：台灣行政院經濟建設委員會，〈自由經濟示範區第一階段推動做法〉，2013 年 8 月。

台灣「自由經濟示範區第一階段推動計畫」在 2013 年 8 月 16 日正式啟動。示範區第一階段將透過行政法規鬆綁，促進人員、商品、資金與資訊的自由流動，讓企業能進行合理與有效的資源配置，提升經營效率與國際競爭力，加速國內產業結構的轉型與升級。主要鬆綁項目包括：放寬外國專業人士來臺工作及短期進出限制、放寬自由港區業者委外加工之關務限制、放寬農業及非都市土地使用之限制等。

中國（上海）自由貿易試驗區在 2013 年 9 月 29 日正式成立。上海自貿區規劃為 4 塊功能區域，範圍包括上海外高橋保稅區、上海外高橋保稅物流園區、上海洋山保稅港區和上海浦東機場綜合保稅區等 4 個海關特殊監管區域，共計 28.78 平方公里，和澳門的面積大小較接近。上海自貿區所規劃之主要擴大對外開放的政策如下：實行政府職能轉變、金融制度、貿易服務、外商投資和稅收政策等多項改革措施，並將大力推動上海市轉口、離岸業務的發展。

兩岸都在推動試點的自由經濟試驗區，而且對世界開放，當然也會對彼此開放，最終目的都在創造融入區域經貿整合的有利條件，特別是參與跨太平洋夥伴關係協議（TPP）。因此，兩岸應該可以透過自由貿易試驗區的合作強化彼此的政策效益，並且作為兩岸擴大開放的次區域經濟整合政策試驗據點。根據台灣經建會的資料，比起中國（上海）自由貿易試驗區，台灣自由經濟示範區對外資開放程度、自由化程度較高。P.148 的表 7-2 為上海自由貿易區與台灣自由經濟示範區之比較。

雖然台灣政府認為台灣的自由經濟示範區比上海自由貿易試驗區更具有優勢與吸引力，但是上海已經取得不錯的成績，而台灣還沒有傳出任何好消息。在上海設立自由貿易區將近二個月（截至 2013 年 11 月 22 日），已經有 33 家外商投資 5.6 億美元，1396 家大陸企業投資 347 億人民幣，5 加台商投資 2,500 萬人民幣，共計 1,434 家。海協會會長陳德銘在 2013 年 11 月底來台灣，他表示希望促進兩岸自由貿易區的合作。未來兩岸自由貿易區要合作或整合，必須要有適當的協作平台、具體的合作議題，而且台灣政府必須給予地方政府適當的權力與誘因推動經濟發展創新，才能具體突破當前的兩岸經濟合作困境。

表 7-2　上海自貿區與我國示範區比較表

	上海自由貿易試驗區	我國自由經濟示範區
定位	深化改革與擴大開放的先行先試。	自由化、國際化、前瞻性理念下的自由經濟先行先試區。
對外資開放程度	外商投資採負面表列。	我國早已採取負面表列規範外商投資，示範區更將在現行 WTO 之規範下，給予外資在示範區投資更高水準之待遇。
發展產業	貿易產業（如外包業務、電子商務）、國際航運業、金融產業等。	智慧運籌（智慧物流）、國際醫療、農業加值、產業合作，另可隨時新增示範產業。
區域範圍	實體園區 4 處，合計 28.8 平方公里。	1.實體園區 8 處，合計 16.5 平方公里。 2.因應產業特性，設計虛擬機制。
租稅優惠	提供員工認股獎勵及符合特定條件可分期繳納所得稅等少數措施。	海外股利或盈餘於示範區投資免稅、專利及技術相關之權利金與所得免稅、提供外（陸）籍專業人士前 3 年薪資所得減半課徵、區域營運總部營所稅 10% 優惠等多項措施。
金融鬆綁	利率市場化、人民幣資本項目兌換、允許設置外資銀行等措施。	台灣金融自由化程度遠高於上海自貿區，國內利率由市場機制決定，新臺幣也可自由兌換，外資銀行來臺也不受限制，示範區更進一步透過法規鬆綁，積極發展金融服務業。

資料來源：台灣行政院經濟建設委員會，〈上海自由貿易試驗區與我國自由經濟示範區的比較〉，2013 年 10 月 14 日。

　　台灣推動自由經濟示範區已經落後中國大陸甚多，需要檢討問題所在。台灣無法參加亞太區域經濟整合體制，有部分原因是大陸的政治阻礙，但是台灣無法快速推動自由經濟示範區，完全是自己的問題。問題來源不外有二：一、行政效率低落與朝野僵局，這需要馬總統解決。二、地方政府與相關產業體制沒有積極誘因與動力，這需要改變台灣的地方政府體制與開放標的的產業體制，提供他們更多財政、人事、誘因與政策規劃等等權限。馬政府再不趕快處理這些問題，即使經建會在今

年底（2013）提出漂亮的規劃方案，恐怕也難以有良好成效。台灣沒有躊躇的本錢，馬政府要趕快提出這些問題的解決方案，這些都不是經建會可以處理，而是政治問題，需要馬總統的智慧與領導力。

在單點合作方面，平潭綜合試驗區應該從四個面相強化競爭優勢，才能促進兩岸經濟合作。

首先，平潭綜合試驗區應該成為國際商品貿易與服務貿易的自由港，包括開放跨境交付的服務貿易，並且興建國際機場與台灣主要城市機場連結。

第二，平潭綜合試驗區應該成為國際生產要素自由流動與資訊開放的自由港，對各國商務人員與台灣人民進出採取免簽證待遇。

表 7-3　上海自由貿易區成立二個月成效

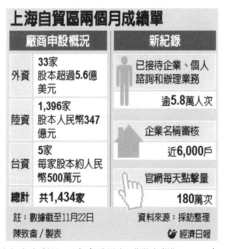

資料來源：陳致畬，〈上海自貿區 五台商進駐〉，《聯合報》，2013 年 11 月 29 日，< http://udn.com/NEWS/MAINLAND/MAI3/8327283.shtml>，2013 年 12 月 1 日下載。

第三，平潭區在各種制度與台灣接軌，包括經濟、社會、文化、人才、資訊與法規等等。

第四，平潭綜合試驗區不僅應對台灣產業與人才開放，而且應該提供優惠給台灣產業與人才，以吸引台灣的各種產業到平潭進行投資與營運。例如，平潭綜合試驗區應該完全開放台灣的媒體、網路、醫院、教育、電子商務、金融、專業服務等等。

簡而言之，平潭綜合試驗區應該成為獨立的自由經濟特區，有完全自由的貿易體制與國際生產要素自由流動體制，獨立的制度與法規。至於兩岸協作平台，兩岸可以先推動兩岸港口合作與金馬的次區域經濟合作，待實施成功之後，兩岸再來推動平潭與台灣某次區域的協作平台，這樣比較容易被台灣接受。

四、政策建議

金廈小三通經驗給台灣更重要的啟示在於，中央政府本身是否能夠充分尊重地方發展經濟的需求，並且給予地方更多自主的規劃權，才能進一步提升地方政府誘因，促進以跨經濟體次區域經濟合作，作為提升地方經濟發展的重要策略。建議方向如下：

(一) 台灣須體認次區域經濟合作戰略的重要性

過去台灣中央政府在思考各地區均衡發展時，普遍缺乏以跨國之間的次區域合作發展層次，進行戰略思考與規劃。這樣的制度思考慣性，除了台灣與其他國家在客觀條件上的規模差異，致使決策者慣以整個台

灣為觀點對外因應之外，亦肇因於台灣中央與地方政府間制度分工制約，以及中央對地方自治範疇普遍採取保守心態與作法。

然而，在全球化的城市發展趨勢下，國際經濟、產業與文化等多面向活動的主體參與者與跨國移動者變成是企業，而主體空間載具則是規模以上的主要城市群與周邊發展區帶。企業用跨國移動來投票與選擇的對象不僅是一個國家的法令與經營環境，也包含城市群的發展條件。因此，中央的法制建設與地方的環境建設必須互為經緯，才能構築具備國際競爭力的經濟發展環境。

從中國推動大湄公河與大圖們江等次區域經濟合作的成功經驗，台灣當可學習與體認到，運用次區域作為層次，不但可推動相對落後地區的平衡發展，且對於台灣一向受限於簽署自由貿易協定上的諸多結構性限制，以次區域作為層次的戰略亦有其突破既有限制的重要性，進一步促進台灣後六都時代的次區域經濟體與國際連結。

㈡ 中央須全面調整中央與地方協作關係

台灣中央政府審慎思考上述的策略調整後，需要進一步思考如何具體落實建構中央與地方的協作關係。從中國的經驗中，台灣可學習並考量的作法可包括以下的層面：

(1) 充分考量地方需求與包含產業、地理、人文以及法規制度等層面的比較利益，並在地方政府參與下，制訂整體次區域經濟合作戰略。

(2) 在台灣既有參與的亞太國際經濟組織（如 APEC 與 ADB）下，建立跨經濟體之間的協作平台，找尋跨經濟體次區域經濟合作的共同課題。

(3) 建立台灣內部的中央地方協作平台，以推動中央與地方之間的戰略與執行協調，並廣泛徵求私部門與非政府組織的共同參與。

(4) 給予地方長期制度性的誘因安排，如給予地方政府在人事與財政權上的權限，並結合自由經濟示範區未來在產業合作、市場准入、人員往來、資金與土地協助上的政策優勢，輔以中央對地方專案性的資源投入，深化跨經濟體次區域經濟合作的實質內涵。

(三) 強化以共同利益為基礎的兩岸次區域經濟合作

若聚焦在兩岸次區域經濟合作的推展上，除了上述條件不可或缺之外，更重要的是兩岸需尋找互利雙贏的合作課題。未來兩岸所推動的次區域經濟合作，在空間概念上，可以更進一步往地方與地方的合作層次深化；在整體考量上，要有利台灣在全球市場定位上的利益深化，以及有利台灣各地方在經濟活動能量上的提升與擴大，才能得到台灣中央、地方與民間的支持。

第八章

結論與建議

一、台灣的處境

過去 30 年，兩岸經濟關係從禁止到逐步開放、再到緊密的經濟交流。目前，中國已經是台灣最大的貿易與投資夥伴，而且台灣也是中國前五大貿易與投資夥伴。然而，兩岸經貿往來卻是嚴重不平衡，主要來自單方面的政策開放與市場力量的拉動，缺乏制度性的互動與合作架構。直到現在，中國始終不願意調整對台灣的政策框架與作為，堅持「一個中國」原則。即使兩岸都是世界貿易組織（WTO）的會員，但是中國卻持續杯葛或延宕台灣參與亞太經濟整合體制，也不太願意在國際經濟場合進行兩岸經濟協商與合作。

再者，WTO 的杜哈貿易談判回合在 2008 年 7 月正式破局，但是區域經濟整合協定（EIA）卻持續加速發展。世界各國在 1999 年向 WTO 登記生效的 EIA 有 155 項，2007 年增加到 199 項，2013 年 7 月底已經高達 379 項。民進黨執政時平均每年生效 5.5 項 EIA，在馬英九總統執政五年期間每年生效 36 項 EIA。特別是，東亞經濟整合體制的進展更加快速，從 1990 年代開始，總共生效的 EIA 從 5 項增加到 2001 年的 28 項，到 2012 年更高達 103 項，區域經濟整合體制的發展速度實在非常驚人。此外，亞太各國也積極參與區域全面經濟夥伴關係（RCEP）或跨太平洋戰略經濟夥伴關係（TPP）的協商。這些發展對台灣造成莫大的經濟生存與發展壓力。

面對區域經濟整合體制的快速發展，台灣卻因為大陸的政治阻撓，而被排除在這一波的東亞經濟整合體制之外。2008 年前，台灣只有與巴拿馬、瓜地馬拉、尼加拉瓜、薩爾瓦多及宏都拉斯簽訂 FTA。然而，

這些國家與台灣的貿易金額在 2010 年只占台灣貿易總額的 0.2%，對台灣經濟的整體福祉沒有太大幫助。因此，馬英九總統在 2008 年上台後便倡議兩岸先簽署經濟合作協議，進而取得大陸的善意讓台灣與其他國家簽署 FTA，以突破台灣在東亞經濟整合體制被孤立的困境。

然而，兩岸的政治對抗與中國的經濟轉型風險讓台灣對中國市場與生產資源的依賴充滿戒心，始終強調台商必須分散對中國投資的政治與經濟風險，所以台灣推動南向政策強化與東南亞國家的經貿聯結。1995-1996 年中國對台灣的軍事威脅讓台灣改變原來以中國為腹地建立「亞太營運中心」的構想，李登輝政府採取「戒急用忍」政策，對於台灣投資中國的資金、技術、與產業進行限制，當然也不願意推動降低兩岸經商營運成本（包括兩岸直航）與開放中國生產資源（資本、人才與技術）進入台灣的政策。

不過，台商並沒有受到台灣政府太大的制約而停頓對中國的投資與生產體系的轉移。台商反而充分利用兩岸語言相同與地理鄰近的優勢，加速對中國轉移他們在台灣的生產基地，非常成功地強化他們在全球市場的競爭力。1997-1998 年的亞洲金融危機讓東南亞各國的經濟遭受重創，台商在當地的經營也受到嚴重影響。相對而言，1990 年代末期以來，中國經濟維持穩定快速發展。因此，東亞的國際經濟重心、甚至全球經濟焦點逐步轉移到中國；國際資金、技術與人才正史無前例地大規模流向中國，有幾年甚至超越美國成為全球吸引最多國際直接投資的國家。

2000 年陳水扁總統執政之後，民進黨政府放棄「戒急用忍」政策，改採「積極開放、有效管理」政策。不過，兩岸經濟交流快速開放所衍生的政經風險也造成陳水扁總統在 2006 年 1 月 1 日將「積極開放、有效管理」政策改為「積極管理、有效開放」政策，改變這項政策的重要原因之一，便是強調台灣政府必須扮演台灣經濟安全的守門人。但是，實質上，民進黨政府仍持續擴大兩岸經貿交流。

其次，面對東亞經濟整合加速、中國經濟快速發展、台商加速向中國移轉的趨勢，陳水扁政府提出將台灣建構成「全球運籌管理中心」的國家發展戰略目標，包括全世界高科技製造服務中心、全球營運總部、全球創新與研發中心。事實上，馬英九總統在 2008 年 5 月上台之後，他的戰略目標也是如此，期使台灣成為「全球創新中心」、「亞太經貿樞紐」及「台商的營運總部」。可以說，即便政黨輪替執政，朝野政黨對於台灣經濟發展的全球戰略規劃目標是一致的。

從馬英九總統執政以來，兩岸經濟交流持續加溫。2012 年，大陸觀光客來台人數突破兩百萬，對台灣帶來不小的經濟利益；大陸對台灣投資超過三億，展現陸資的爆發力。然而，兩岸經濟交流仍沒有改變資源（包括人才、資金、技術）不對稱流動的趨勢；ECFA 生效至今將近三年，總體成效依然不彰；兩岸即將簽署服務貿易協議，台灣卻錯失良機利用此協議來擴展台灣的服務業。

馬總統上任後，大陸立即同意開放觀光客來台，從 2008 年的 9 萬人增加到 2009 年 60 萬人，2010 年與 2011 年都突破百萬人，2012 年陸客幾乎倍增突破 200 萬。根據觀光局的調查，陸客在台旅遊的日均消費

僅次於日本觀光客,而且每人每日購物費用為 159.9 美元,是日客的兩倍,為台灣疲弱的內需注入大量消費將近 1,000 億台幣。

再者,2009 年馬政府大幅度開放陸資投資台灣的項目。然而,2009-2011 年累計陸資來台只有 1.7 億美金,陸資來台仍處於摸索階段。馬總統連任後,2012 年陸資來台金額達到 3.3 億美金。不過,過去四年陸資來台的金額仍相當侷限,累計到 2013 年 6 月只有 7.2 億美元。

相較之下,台商對大陸投資的核准金額從 2008 年便突破 100 億美元,除了 2009 年受全球金融危機的衝擊而減少到 71 億美元之外,2010-2012 年每年均超過百億美元。2013 年上半年台商對大陸投資金額 47.2 億美元,累計 1,296 億美元,遠超過陸資來台的金額。

過去五年馬總統最引以為豪的兩岸關係政績便是 ECFA。然而,ECFA 只是一個架構協議,其成效相當有限。2011 年台灣對大陸出口總體增長 8.0%,ECFA 早收清單項目產品出口增長 9.9%,僅略微比前者好。2012 年,台灣對大陸出口總體增長 5.8%,但是早收清單項目卻僅增長 2.3%;2013 年上半年台灣對大陸出口總體增長 36.8%,可是早收清單項目卻僅增長 13.3%。這三年的出口數據都沒有顯現 ECFA 成效。

從台灣的出口成長率來看,兩岸 ECFA 早收計畫在 2011 年初生效之後,台灣對大陸出口並沒有明顯比台灣對其他國家出口成長要快,甚至要比台灣對東協六國的成長率要慢很多。以各國在大陸進口市場的市占率判斷各國對大陸出口的競爭力,ECFA 並沒有明顯強化台灣對中國出口的競爭力。

其次,馬總統預期 ECFA 能吸引更多外資,中經院評估台灣簽署 ECFA 後的七年可能增加的 FDI 流入規模將達 89 億美元,但是過去五年台灣吸引的實際外資金額持續維持低谷。觀察包括直接投資與證券投資的國際資金流動,台灣的國際競爭優勢正在快速流失,台灣資金外流年年增加,情況越來越嚴重。

ECFA 確實對台灣與其他國家談判經濟整合協定有些幫助,但沒有根本改善台灣的國際孤立處境。台灣在 2013 年與紐西蘭及新加坡簽署經濟合作協定,但這兩個國家僅占台灣貿易總量分別為 0.2% 與 3.6%,對台灣的助益有限。相對之下,台灣的主要競爭對手韓國已經與美國、歐盟、東協與印度等九個經濟體簽署自由貿易協定,而且正在與中國及日本協商,對台灣的壓力相當嚴峻。而且,亞太各國均積極參與區域全面經濟夥伴關係(RCEP)或跨太平洋戰略經濟夥伴關係(TPP)的協商,唯獨台灣都被排除在外。台灣至今沒有與主要貿易夥伴美國、日本、歐盟展開 FTA 談判,也無法參與 TPP 或 RCEP 的協商。

根據張五岳教授的計算,2013 年底韓國出口享有免關稅的比例為 38.14%、日本為 19.91%、新加坡為 76.54%、台灣為 10.38%。然而,韓國正在與八個經濟體進行 EIA 談判,談判完成後,韓國出口享受免關稅的比例將高達 78.07%;日本正在與八個經濟體談判 EIA,談判完成後,日本出口享受免關稅的比例將高達 82.18%;新加坡正在與八個經濟體談判 EIA,談判完成後,新加坡出口享受免關稅的比例將高達 85.48%;台灣正在與六個經濟體研究或談判 EIA,即使全部都談判完成,台灣出口享受免關稅的比例也只有 48.62%(見表 8-1)。

表 8-1 東亞四國出口免關稅比例

	韓國		日本		新加坡		台灣	
	國家數	出口比例	國家數	出口比例	國家數	出口比例	國家數	出口比例
已生效經濟整合協定	46	38.14%	15	19.91%	33	76.54%	中美洲五個邦交國、ECFA早收計畫、紐西蘭、新加坡	10.38%
	加拿大	0.88%	韓國	10.11%	埃及	0.09%	中國	23.54%
	墨西哥	1.65%	海灣合作委員會	1.43%	巴基斯坦	0.24%	印尼	1.73%
	紐西蘭	0.27%	澳大利亞	0.89%	烏克蘭	0.01%	印度	1.12%
	澳大利亞	1.69%	蒙古	0.02%	歐盟	8.6%	歐盟	8.69%
談判中的經濟整合協定	哥倫比亞	0.27%	加拿大	1.14%			菲律賓	2.96%
	日本	7.08%	中國	21.34%			以色列	0.2%
	中國	24.52%	美國	15.88%				
	海灣合作委員會	3.57%	歐盟	11.1%				
	總計	78.07%	總計	82.18%	總計	85.48%	總計	48.62%

資料來源：張五岳，〈兩岸經貿社會互動：機遇與挑戰〉，兩岸政策菁英高階研習班，2013 年 11 月 28 日。

最後，兩岸已經簽署服務貿易協定，基於語言與文化的相似，中國服務業市場應該提供台灣服務業發展的重要契機。但是，在此次兩岸服務貿易協議中，雙方服務貿易開放幅度都相當有限，預期效益不甚顯著。從兩岸經貿談判的過程來看，馬政府沒有開放經濟的決心、缺乏完善戰略，對內缺乏溝通與配套措施，導致國內共識不足、開放幅度有限。其結果是，台灣沒有善加運用大陸市場規模給台灣的優勢，卻又引發內部強烈反彈。大陸商務部的談判代表還透露，大陸本來願意再對台灣開放 10-20 項，但是台灣不接受，大陸也無可奈何。[1] 顯然，台灣錯失利用這次兩岸服貿協議來擴展台灣服務業的契機。

總而言之，馬總統連任後，兩岸經濟交流與談判持續熱絡，但是台灣不願意大幅度開放，期盼大陸對台灣讓利，導致兩岸經濟開放的成效相當侷限，而且沒有改變兩岸資源不對稱流動的趨勢。馬政府應該整合國內產業利益與優勢，做好各種轉型策略與配套措施，透過談判達成大幅度開放兩岸經濟交流，採取次區域經濟合作的創新模式，才能提振台灣的國際競爭力與經濟成長動力，並且徹底改變兩岸資源不對稱流動的趨勢。

1　中國商務部港澳臺司長陳星對筆者所言，2013 年 6 月 29 日。

二、大陸情勢與對台政策

　　以下進一步說明大陸情勢與對台政策，包括中共在 2012 年 11 月舉辦的第十八屆全國黨代表大會（十八大）、2013 年 10 月舉辦的首屆兩岸和平論壇及 2013 年 11 月中旬第十八屆三中全會的大陸政經情勢，以便台灣在規劃未來兩岸政策參考。

中共十八大後大陸政經情勢與對台政策分析

　　經過十八大權力交班大戲，第四代領導人全部退出中共權力核心，習近平與李克強正式確立為中共第五代領導體制的核心，主導中國未來十年的政局。習近平接任中共中央總書記、中央軍委主席，2012 年 3 月也接任國家主席，成為黨政軍權力三位一體的中國最高領導人。李克強在 2012 年 3 月將接任國務院總理。未來幾年，習李體制仍將以內部議題為優先，專注國家轉型與永續發展的挑戰，對外與對台政策仍以穩定為主。

　　在十八大召開期間，中共猶如驚弓之鳥，維安層級是前所未有的嚴格，包括 140 萬名志工參與「保衛十八大」，同時封天封地封水封網，可見中共政權的脆弱與敏感，擔心社會抗爭或政治騷動可能破壞權力繼承。習近平在「準就職演說」中強調，中共面臨嚴峻挑戰，尤其是貪污腐敗，全黨需警醒起來；中共的奮鬥目標在於人民的美好生活與共同富裕。這顯示中共未來仍將持續推動經濟永續成長與掃除政治貪腐，以維持社會穩定及統治正當性，以確保中共的執政權。

在政治上，雖然第四代領導人全部裸退，第五代領導階層可以獨當一面，但是習近平僅僅擔任儲君五年、中央軍委副主席兩年，而且與其他六位政治局常委並沒有深厚淵源，第三代與第四代領導人仍建在，習近平需要一段時間鞏固權力，不會急迫提出重大改革。習李體制會盡可能延續第四代所制定的政策方向。在決策過程，第五代領導仍會推行集體領導、建構集體共識，甚至還需要徵詢第三、四代領導人，才能決定重大政策。在施政重點上，習李體制正雷厲風行進行反貪腐運動，甚至透過微博網路舉報貪官污吏，包括幾位部長級的資深官員正在接受調查。

在經濟上，中國領導人多次強調，中國經濟發展不平衡、不協調與不可持續的矛盾與問題仍然突出。十二五規劃指出，中國亟需轉變經濟成長模式、調整經濟結構。此外，十二五規劃已經強調生態與環境相關的指標都是國家發展的硬指標，十八大報告更進一步提出，必須推行生態文明建設，才能維持永續發展。未來中國經濟要永續發展，中國必須改變過去三十多年的經濟發展路徑，這對第五代領導人將是前所未有的挑戰。

在十二五規劃當中，中國明確揭示經濟成長模式不能再倚賴出口與投資，必須調整為消費與內需的成長動力，而且必須調整經濟結構，從製造業為主，大力擴張服務業。然而，2011 年中國的投資率再創歷史新高到 49.2%，消費率維持在歷史新低的 48.2%，服務業占 GDP 的比重停滯在 43.3%。2012 年前 11 個月，中國消費品零售總額增長 14.2%；但是，固定資產投資增長率仍高達 20.7%，仍遠高於消費增長速度。可以說，中國經濟轉型仍是困難重重。

　　過去三十年中國所倚賴的經濟成長重要因素包括：豐富勞動力、低廉工資與快速擴張的出口，但是這些條件正在快速衰退。基本上，中國農村的剩餘勞動力已經相當有限，勞工薪資必然逐漸調升。十二五規劃指出，中國每年將提高最低薪資至少13％，2015年的最低薪資將比2010年高出至少84％。2012年9月底中國有18個省份調漲薪資平均19.4％，造成沿海地區製造業勞動力成本高漲，導致很多外商轉進到中國內地或東南亞國家投資。再者，過去十年中國出口成長率平均23.0％，導致不少國際紛爭與焦慮，中國必須自我調整以化解可能的國際衝突。

　　關於未來的經濟成長動力，李克強提出城鎮化的方向，以提高生產效率與消費水平。中國城鎮居住人口在2011年已經占全部人口的51.3％，但是城鎮戶籍人口比例只有35％。亦即，在城鎮沒有戶籍的一億六千萬農民工可能逐步獲得城鎮戶籍、家屬也可能逐漸遷入城鎮居住，城鎮戶籍人口將增加大約四億人。不過，城鎮化可能不會帶來太多的勞動力，絕大部分農民工已經居住在城鎮。獲得城鎮戶籍的農民工與其親屬可能帶動總體消費與相關投資，但城鎮化速度將取決於中國政府是否能提供充足預算投入基礎設施、住房、教育、醫療與社會福利。

　　未來幾年，中國政府將兼顧「穩增長」與「調結構」的雙重戰略目標，在社會穩定的基礎上，不會再盲目追求高增長，以確保經濟轉型與永續發展。中國設定十二五規劃期間的經濟成長率目標為7％，很可能會維持在7-8％之間。關係社會穩定的失業率與通貨膨脹率將是觀察中國經濟政策走向的重要指標。中國城鎮登記失業率在2012年9月底維持在4.1％，去年前三季創造新增就業1,024萬人，全年預估1,365萬

人，比 2011 年的 1,200 萬人還高。在通貨膨脹方面，2012 年前 11 個月的居民消費價格指數只增加 2.7％，比 2010 年的 3.3％與 2011 年的 5.4％都要低。中國的城鎮就業情勢仍屬穩定，中共沒有急迫性推出更擴張性的政策。

在對台政策上，基本上會是「胡規習隨」，但有些政策微調。首先，2012 年 1 月的台灣總統大選結果讓中共感到滿意，中共未來會延續當前對台的政策框架。而且，自從江澤民以來，中國的決策體制都是集體領導、共識決策，中國對台政策具有高度延續性，不會因為換屆權力交替而有明顯變化。

再者，江澤民在 1995 年初提出「江八點」與胡錦濤在 2005 年初提出「胡四點」，兩人都是在掌權二年後才提出新對台政策方針。短期內，習近平仍會將主要精力放在解決內部問題與鞏固權力基礎，應該不至於提出新的對台政策框架。不過，習近平長期在福建工作與台商過往甚密，而且擔任浙江省委書記時對兩岸事務非常積極，未來在對台政策作法不排除微調。

第三，在十八大政治報告當中，中共將和平統一分兩步走，先推動兩岸和平發展與強化兩岸統一的基礎，包括政治、經濟、文化與社會基礎，亦即貫徹寄希望於台灣人民的政策。因此，未來兩岸協商應不會再侷限在經濟議題，而是多元議題協商同步並進。特別是，十八大報告認為，擴大文化交流可以增強民族認同，會是未來兩岸協商的重點之一。

第四，十八大政治報告指出，中共要透過協商，推動兩岸關係制度化，探討兩岸尚未統一特殊情況下的兩岸政治關係、商談兩岸軍事安

全互信機制與協商兩岸和平協議。中國政府已多次要求推動兩岸政治協商，但都遭馬政府拒絕。十八大報告提出後，馬總統再度表達目前不適宜推動兩岸和平協議。最起碼，中共應會施壓馬政府「增進維護一個中國框架的共同認知」，要求台灣在政治宣示與作法上更加符合一個中國的框架。

第五，擴大與深化兩岸經濟合作仍是中國的目標，但是會逐步要求兩岸平等互惠，而不是持續對台灣單邊讓利。在五年前的十七大政治報告中，中共強調凡是對「台灣人民」、「維護臺海和平」、「促進和平統一」有利的事情都會去推動；但在十八大政治報告當中，中共卻說凡是對「兩岸人民」有利的事情都會努力推動。這些文字的調整明顯反映在中國商務部長陳德銘在十八大記者會上的發言，他希望台灣已對其他國家開放的產品，應該適用最惠國待遇原則對中國開放，以具體表現平等的原則。

第六，中共會持續加強與民進黨互動。在十七大政治報告中，中共強調願意與「承認兩岸同屬一個中國」的台灣政黨交流對話、協商談判。在十八大政治報告當中，中共強調願意與「不主張台獨、認同一個中國」的台灣政黨交流、對話與合作，顯示中共立場有稍微放寬。證諸在十八大前，中國以高規格接待謝長廷前院長到中國訪問，經常邀訪綠營政治人物到中國訪問，甚至在十八大召開前一天，國台辦處長拜訪民進黨中央黨部幹部，顯示中國在十八大之後應該會延續這項政策方針。

在十八大結束後不到一個月，中國國台辦副主任孫亞夫來台參加台北會談，與多位民進黨中央黨部幹部同台開會。他在閉幕致詞時表示，

兩岸政治關係定位的討論不應該預設前提，而且應該邀請民進黨的朋友參與討論。這反應出在不設前提的情況下，中國已經開始推動兩岸政治對話，建構兩岸政治共識與互信，同時希望民進黨參與這項政治對話，並且逐步建構民共對話的機制。

總體來看，未來幾年，兩岸關係的發展應該會持續在平穩當中發展。十八大政治報告的對台政策主要訊息包括：兩岸協商議題會更加多元、兩岸廣泛政治對話要展開、兩岸政治互信需更為強化、兩岸經濟交流要朝向平等、中共與民進黨接觸需要擴大。

首屆兩岸和平論壇與大陸的和平攻勢

一百二十多位兩岸重要學者於 2013 年 10 月 11-12 日在上海參加首屆兩岸和平論壇，主題為「兩岸和平、共同發展」，由大陸全國台灣研究會與台灣的二十一世紀基金會等十四家兩岸民間團體和學術機構共同主辦，針對兩岸政治關係、兩岸涉外事務、兩岸安全互信與兩岸和平架構等四項議題進行討論。

首屆兩岸和平論壇，除了大陸大批官員及政策幕僚參與之外，多位藍綠的前政務官也都參與，實屬創舉。雖然台灣方面參加的兩岸關係學者專家都非常著名，包括前政務官與大使，但都是個別性參加，缺乏馬英九政府或國民黨的授權，也沒有民進黨等在野黨的授權。

大陸對此次論壇的態度是坦率、開放、務實與包容，讓各方暢所欲言，包括前行政院副院長吳榮義提出兩岸為兄弟之邦的構想，同時與會的台灣學者都指出中華民國存在的事實、台灣的民意趨勢與台灣的國際

空間問題。大陸的態度將有助於兩岸和平論壇繼續推動與擴大參與的可能性。

然而，這場和平論壇也凸顯兩岸的政治立場鴻溝，大陸無法接受中華民國存在的事實，仍定位兩岸政治關係為一個中國的內部關係，也無法接受與傾聽台灣的民意；相對來說，台灣藍綠陣營都無法接受大陸在兩岸和平協議預設統一的立場，也無法接受大陸對台灣的外交打壓與軍事威脅。也就是說，大陸舉辦這場民間政治對話的態度溫和，但是政治立場仍然僵化。

此次和平論壇主協辦單位共達成十項共同認知，包括兩岸應該協商兩岸和平發展框架、釐清兩岸政治定位、妥善處理兩岸公務人員互動、促進兩岸涉外事務的協調與合作、尋求海洋事務合作、建立軍事安全互信機制、促進兩岸領導人會晤、促進兩岸文化的傳承創新與發展、探討兩岸和平發展機制。儘管兩岸主協辦單位達成這些共識，大陸的意見可以代表官方意見，但是台灣的意見都是民間單位的意見，既不代表馬政府與國民黨，也不代表民進黨。更何況，這些共同認知都是模糊的概念或建議，缺乏具體操作內涵與落實為政策的方式。

政經實力遠比台灣強大的大陸，為何願意透過民間政治對話來推動兩岸政治協商？以前民進黨執政時，台灣期盼與大陸進行政治對話，以便建立兩岸和平穩定的互動架構。現在，馬政府反而不願意，而大陸還要委屈求全透過民間論壇來推動。大陸目的何在？

當然,大陸希望施壓馬總統進行政治對話與談判,最終達成兩岸和平協議。面對馬政府對政治對話與協商的抵制,大陸希望透過民間政治對話的寬鬆氛圍,降低台灣人民對兩岸政治談判的疑慮,營造台灣社會支持兩岸政治對話的民意。然而,只要國民黨政府接受政治談判,國民黨過去口頭承諾的兩岸政治立場,都必須落實為文字協議。這是馬政府很難辦到的事情,口頭承諾只是在敷衍大陸,落實為文字協議勢必引發台灣人民激烈反對。

不過,大陸的和平攻勢目標應該不僅針對馬政府,因為到 2016 年 5 月馬總統下台的兩年半時間要達成兩岸和平協議,恐怕難比登天。更何況,馬總統已經宣示他任內不談判兩岸和平協議。馬總統身邊的重要幕僚與國民黨的智庫幾乎都沒有參與這次和平論壇,表示馬總統根本不想被誤會他有意願推動兩岸政治對話與協商。

回顧過去五年,兩岸簽署十九項協議,大部分屬於兩岸經濟與社會交流協議,但是兩岸的外交與軍事對峙始終沒有化解,而且台灣人民拒絕統一、認同台灣人的比例卻快速提高,遠比陳水扁政府時期增加快速。這讓兩岸和平發展存在長期隱憂,甚至可能瞬間隨著偶發事件或政黨輪替成為幻影,因為台灣的民意趨勢與大陸的政治目標背道而馳。

大陸學者嚴安林明確說出大陸的思維:「台海兩岸的和平穩定,不僅直接關係到台灣的安全、穩定與發展,而且關係到實現中國大陸的改革開放所需要和平穩定有利的環境,同時也關係到實現中華民族偉大復興的中國夢。」也就是說,兩岸簽訂和平發展的制度性架構,才能鞏固台海和平,才能確保大陸的和平發展。而這樣的目標需要根本性解決兩岸的實質衝突,而不是擱置爭議或求同存異。

　　此次和平論壇主協辦單位建議，將研商組建兩岸和平論壇常設機構，並邀請兩岸學者組成若干課題小組展開兩岸政治議題的共同研究。由於大陸官方在主導這個和平論壇的發展方向，台灣民間機構並不具有馬政府、國民黨與民進黨的授權，如何協商各方接受兩岸政治的共識，還是主協辦單位一廂情願的想法，這將是非常困難的兩岸政治工程，甚至根本無法形成具體兩岸政治共識。

　　要從根本解決兩岸的衝突、建立兩岸和平發展的制度性架構，除了大陸應該坦率與務實面對兩岸差異之外，也需要民進黨的參與。民進黨代表至少 45％的台灣民意，如果無法認同兩岸政治協商結果，則兩岸和平發展架構便無法建立。上海和平論壇邀請新台灣國策智庫協辦，這將創造綠營朋友（包括民進黨中央黨部朋友）參與兩岸民間政治對話的可能性，營造紅綠高層對話與交流的機會。

　　隨著經濟與軍事實力的快速增長，大陸變得更加自信與包容，願意處理兩岸長期存在的政治分歧。如同國台辦張志軍主任所說，這場論壇有利於促進各界積極思考解決兩岸政治分歧問題的可行途徑與方案，也有助於為開啟兩岸政治對話協商營造出融洽氛圍，並提供可資借鑒的經驗和做法。當然，兩岸和平協議不是一蹴可幾，需要兩岸坦率面對政治差異，需要紅綠藍三大陣營的領導人與政策幕僚實際參與，以開放、包容、務實的態度凝聚共識，才有機會建構兩岸和平發展的制度性架構。

中共十八屆三中全會吹響全面市場化號角

　　中共十八屆三中全會在 2013 年 11 月中旬剛落幕，中共充分展現全面推動市場經濟改革的企圖，擘劃 10 年的路徑與藍圖，設立「全面深

化改革領導小組」，全面啟動與落實改革的構想，設定 7 年取得決定性成果。同時，未來經濟發展將更加兼顧社會公平正義與經濟成長，強調效率、公平與可持續性，市場將居於經濟運作的主導地位，政府則是扮演規範者的角色。

此次三中全會的焦點仍在經濟改革，但中共強調改革是系統性、整體性與協同性，包括加快發展市場經濟、民主政治（行政改革）、先進文化、和諧社會與生態文明等五大面向。這些改革的目的是要讓勞動、知識、技術、管理與資本（生產要素）釋放活力，讓發展成果更多更公平惠及全體人民。

經濟體制改革的核心是讓市場在資源配置中起決定性作用，從過去商品市場的自由化與開放，逐步擴展到生產要素市場的自由化與開放。不過，中共仍堅持公有制為經濟主體，僅僅推動國有企業效率提升、完善現代企業制度，避免造成太子黨等強大既得利益者的反撲，這是當前改革不足之處。

具體而言，中共希望建立公平開放透明的市場規則，完善主要由市場決定價格的機制，建設統一開放、競爭有序的市場體系。特別是，中共希望建立城鄉統一的建設用地市場，完善金融市場體系，深化科技體制改革，亦即讓土地、資本、知識、技術等生產要素交易市場化，避免政府干預與介入，甚至以權謀利的行為。

此次三中全會提出，城鄉二元體制是城鄉一體化的主要障礙，並且希望「以工促農、以城帶鄉」，讓農民有更多財產權利。可以預期，大陸會逐步取消城鄉戶籍二元制度，讓農民工享有城市戶籍的社會福利與

保障，以促進實質城鎮化的進程，同時擴大內需與消費。這正是李克強就任總理以來不斷推動的目標。此外，農地的流轉與買賣將會給予農民更大的權利，以便讓農民能離鄉或離土發展，解決農村發展的困境。

大陸的國有銀行仍主導金融體系，但會逐步自由化，包括利率自由化、匯率自由化與資本帳開放。利率自由化將大幅度改善銀行運作的效率，同時做好對外開放的準備。匯率自由化是確保宏觀調控能力與維持貨幣政策自主性的重要手段，也是進一步開放資本帳的前提。資本帳充分開放才能造就人民幣國際化的客觀條件與建構大陸為國際金融中心的前提，這正是上海自由貿易試驗區的主要目標。

在開放方面，中共要推動對內與對外開放相互促進，促進國際國內要素有序自由流動，希望以對外開放促進國內改革。具體而言，大陸要放寬投資准入門檻，加快自由貿易區建設，擴大內陸沿邊開放。顯然大陸要追求更全面性的自由化與開放，包括生產要素的國際流動與內陸的開放，上海自由貿易試驗區是中共的重要試點，未來的開放將更全面。

近年來，大陸內部的社會抗爭持續增加，大陸的維穩經費已經超越國防預算，而且十八屆三中全會召開前一個月內，北京與山西相繼發生爆炸案，顯示社會矛盾與抗爭不斷惡化。此次三中全會要設立國家安全委員會，以統合各部會維護國家局勢和社會整體穩定的資訊與資源，確保公共安全，包括非傳統安全的挑戰，例如食物、能源、金融等議題。

同時，國安會也可以整合中共 19 個領導小組的政策，以便制定更全面性的國家整體安全戰略與因應全球的重大危機，包括軍事、經濟、金融、能源與生態等等議題。國安會的設立將有助於中共黨政合一、完善政府的功能，也有助於大陸處理對外事務的透明度與整合機制。

　　此次三中全會的「決定」，多次提到「改革」與「市場化」，成為整個三中全會的最重要詞彙，展現新領導人強烈的改革決心。習近平上台沒有多久便集黨政軍三位一體的權力於一身，而且已經整治肅貪多位部長級以上的黨內幹部，顯示他已經牢固掌握中共權力，敢於向黨內貪腐勢力挑戰。

　　其次，儘管這次改革沒有觸及到國有企業的所有權改革而讓外界有些失望，但是本次三中全會大力著墨於城鄉一體化的農村改革與金融改革；這些都是過去好幾屆政府不敢觸動的敏感領域。而且，此次三中全會決議設立「全面深化改革領導小組」，確立明確的時間表與路徑圖，以便落實改革方案與進度，這是從未有過的制度設計，展示中共推動改革的決心。

　　對兩岸關係而言，從此次三中全會的「決定」來看，中共面對未來的經濟改革仍是險阻重重，大陸勢必集中全力促進進一步改革與開放，這可能是過去三十年來另一波改革與開放的高峰。可以想像，大陸仍會追求兩岸關係穩定發展，一方面促進兩岸經濟交流與開放，以促進大陸的經濟發展；另一方面，維持兩岸關係穩定，有助於大陸改革開放的國際穩定環境。受到大陸改革開放的經濟利多，台商可能進一步向大陸投資，讓兩岸經濟更加整合。

　　歷經三十四年的快速發展，大陸經濟面臨調整經濟成長模式的前所未有挑戰，不能再倚賴投資與出口的成長模式，必須改為內需與消費的成長動能。在這次三中全會，中共企圖以全面性市場化、城鎮化、自由化與全球化來回應這項嚴峻挑戰，並設定七年完成重大改革目標。大陸能否改革成功，取決於習李體制的決心與能力，讓我們拭目以待。

　　面對兩岸的情勢與政策，台灣要如何突破與創新，建構台灣成為亞太區域的研發、生產、營運與服務平台，不僅需要兩岸經濟合作與整合，更需要台灣參與亞太經濟整合體制。以下便提出台灣的經濟整合戰略建議。

三、台灣的全球經濟整合戰略

　　台灣的全球經濟整合戰略方向可以三十個字來描述：發揮台灣優勢、整合國際資源、拓展世界市場、提升台灣優勢、壯大台灣經濟。在競爭激烈的全球經貿舞台上，這項戰略方向不僅是台灣生存自保之道，也是台灣發展茁壯之道。台灣沒有充足的生產資源與廣闊的市場腹地，台灣必須仰賴全球資源的整合與全球市場的開拓，才能促進經濟增長與永續發展。

　　台灣參與東亞經濟整合體制的最大障礙是中國的國際政治阻撓。無論如何，這是台灣必須面對的國際殘酷現實，我們必須在這項基礎上提出台灣因應東亞經濟整合體制發展的全球經濟整合戰略建議。這項戰略可以分為三個層面，包括多邊、雙邊與單邊層面，以平衡與多軌並進的三合一方式化解中國障礙的因素，達成台灣促成全球貿易自由化與參與東亞經濟整合體制的國家目標。以下便詳細說明這項戰略的建議內容。

(一) 多邊層面

　　台灣應全力推動 WTO 與 APEC 等多邊自由貿易體制的建立，主動提出各項國際貿易自由化與經濟整合協定的議程、積極推動各項自由化的措施。多邊貿易自由化不僅能創造台灣的最大經濟利益，同時也可以

避免中國的政治打壓與經濟圍堵。從這個角度而言，台灣必須成為全球貿易自由化與經濟整合體制的提倡者，而不是追隨者。同時，WTO 與 APEC 是台灣推動雙邊經濟整合協商的重要平台，不會面臨中國的政治杯葛，台灣應該善加運用。為此，台灣應該先克服內部的保護主義，並且整合產官學與朝野共識，提出並積極推動台灣的全球貿易自由化與經濟整合體制議程。

(二) 雙邊層面

台灣在推動雙邊經濟整合協定的戰略可以分成兩類對象：台灣邦交國與非邦交國。中國不會成為台灣與其邦交國之間協商經濟整合協定的政治障礙。台灣與非邦交國的談判優先順序可以區分為三類：第一優先談判對象為美國與中國；第二優先談判對象為日本、香港、東南亞與歐盟；第三優先談判對象為其他國家或地區。

首先，台灣應該優先考慮與其前四大貿易伙伴簽署經濟整合協定，分別為中國、日本、美國、與香港，對台灣的正面經濟利益影響最為顯著。其次，根據筆者問卷調查的結果，中國與美國是各類型企業建議台灣第一優先與第二優先簽訂經濟整合協定的國家（見表 4-9）。然而，同時考量增進台灣的國際經濟利益與突破中國對台灣的國際政治圍堵，台灣應該同時與中國及美國同步啟動，同時完成雙邊經濟整合協定的協商。

台灣與美國及中國簽訂經濟整合協定，不僅有助於台灣的經濟發展，更可以徹底解決台灣與其他貿易伙伴協商過程中的中國障礙因素，使其他國家願意跟進與台灣簽訂經濟整合協定。在操作上，台灣可以利

用與美國協商經濟整合協定的進程，施壓中國盡快與台灣簽訂經濟整合協定，同時反過來利用台灣與中國簽訂經濟整合協定協商的進程，要求美國支持台灣與美國之間的經濟整合協定。

台灣的第二優先談判對象為日本、香港、東南亞與歐盟。日本與香港是台灣的第二大與第四大貿易伙伴。同時，根據筆者問卷調查的結果，東南亞、歐盟與日本是各類型企業建議台灣第二優先簽訂經濟整合協定的國家。因此，在解決中國政治障礙之後，台灣對經濟整合協定的第二優先談判對象應該包括日本、香港、東南亞與歐盟。從過去的經驗，日本的外交政策在相當程度上是追隨美國的步伐，而且在台灣與中國簽訂經濟整合協定之後，日本與台灣簽訂經濟整合協定的政治障礙應該可以移除。

台灣的第三優先談判對象為上述優先對象以外的台灣非邦交國或地區。根據筆者問卷調查的結果，南亞（印度）應該是台灣在這個階段優先考量的地區，其他包括澳洲、紐西蘭、中南美洲、加拿大與俄羅斯。

此外，兩岸也可以推動次區域經濟合作，避免政治敏感與創造經濟共同利益，成為兩岸經濟合作的創新模式。兩岸次區域經濟合作須要有雙邊中央與地方共同參與的協作平台，並尋找長期可合作的重要共同課題，才能進一步建立各自的中央地方協作機制，以及進行相關的資源調配與挹注。建議從三個層次同時推動兩岸次區域經濟合作：多點的港口合作、雙點的金馬合作與兩岸自由貿易試驗區合作、單點的平潭自由經濟特區。當然，台灣也應該推動與其他國家的次區域經濟合作，以突破當前的國際政治困境。

(三) 單邊層面

既然推動多邊自由貿易體制或全球經濟整合體制是台灣的最佳利益，台灣便要展現作為全球化的領航員與東亞經濟整合體制的催生者之規劃與決心。我們應該建造台灣成為世界自由貿易島、亞太營運中心、與全球運籌中心，讓台灣成為國際商品、服務、資金、技術、資訊、與人才交流的先進基地。要達成這些目標，台灣便要超越 WTO 與 APEC 目前的成就與規範，積極推動單邊貿易與投資體制的自由化，建立全球化與東亞經濟整合體制的領導地位。當前台灣在推動自由經濟示範區便是屬於這個層面的策略。

在形成區域經濟整合協定過程當中，如果會員國彼此不是主要的貿易伙伴，則會員國容易受到「貿易轉移」的傷害，反而對會員國的經濟福祉有害。但是，單方面的貿易自由化只會造成「貿易創造」，不會形成「貿易轉移」的效果。因此，如果台灣能夠單邊推動貿易自由化，對台灣的經濟福祉只會有正面的幫助。其次，如果台灣能夠在投資體制方面進一步自由化，則有助於台灣吸引國際投資的優勢，如此容易達成「投資創造」的效應，而不是「投資轉移」的效應，同樣有利於台灣的經濟福祉。

此外，台灣推動單邊自由化的內容當然包括兩岸經貿關係的自由化與正常化，廢除台灣對兩岸經貿往來所設定的片面限制，同時促進兩岸經貿往來的雙向流動，以便台灣運用中國資源與市場提升台灣的經濟優勢。如前面所言，台灣必須借重「中國化」的手段，比較容易達成「全球化」的目標；「中國化」與「全球化」是相輔相成，而不是相互對立

的。台灣外商的態度非常清楚：台灣推動兩岸經濟整合，外商比較願意以台灣為區域營運總部；台灣限制兩岸經濟往來，外商比較傾向撤出對台灣的投資。

表 8-2 整理上述台灣的全球經濟整合戰略之內涵，包括多邊、雙邊與單邊層面的途徑、內容、優點與缺點。

表 8-2　台灣的全球經濟整合戰略

戰略層面	多邊層面	雙邊層面	單邊層面
途徑	1. 世界貿易組織。 2. 亞太經濟合作會議。	• 邦交國：沒有中國障礙因素，可以先簽訂經濟整合協定。 • 非邦交國：台灣簽訂經濟整合協定的優先順序如下 　　1. 美國與中國 　　2. 日本、香港、東南亞、歐盟 　　3. 其他國家 • 次區域經濟合作	台灣採取單邊貿易與投資自由化措施。
內容	1. 商品與服務貿易自由化與便捷化。 2. 國際投資自由化與合作架構。	1. 台灣與美、日、歐簽訂戰略經濟伙伴協定，包括經濟互惠、綜合功能議題合作與政策合作。 2. 台灣對東南亞國協先片面讓步，爭取雙邊互惠經濟整合協定。 3. 名稱可彈性、作法應務實、管道要多元、議題分階段。 4. 建議從三個層次同時推動兩岸次區域經濟合作：多點的港口合作、雙點的金馬合作與兩岸自由貿易試驗區合作、單點的平潭自由經濟特區。	1. 台灣的國際貿易體制自由化。 2. 台灣的國際投資體制自由化。 3. 國際商品、服務、資金、技術、資訊與人才在台灣自由流通。

接續下頁

戰略 層面	多邊層面	雙邊層面	單邊層面
優點	1. 沒有中國障礙因素。 2. 對台灣的經濟利益最大。 3. 對台灣內部意見整合較容易。	1. 交互利用美國與中國的槓桿，促進台灣與這兩個國家簽訂經濟整合協定。 2. 台灣與美國及中國簽訂經濟整合協定，其他國家比較可能與台灣簽訂經濟整合協定。 3. 台灣與美國、日本與歐盟簽訂戰略經濟伙伴協定，可促進彼此的經濟互惠與政策合作，作為彼此在全球經濟競爭的戰略伙伴。 4. 台灣與東南亞國家逐步累積協商的成果，以避免中國的政治干擾。	1. 沒有中國障礙因素。 2. 較不會形成「貿易轉向」與「投資轉向」效應，較容易達成「貿易創造」與「投資創造」效應。 3. 台灣經濟自由化進程操之在我。
缺點	台灣的國際政治與經濟力量有限，未必能影響國際經濟整合談判的方向與進程。	1. 交互利用美國與中國的槓桿之操作困難度大。 2. 不少美國企業不願意支持台灣而得罪中國，而且美國貿易談判快速授權法案已經失效，美國與台灣的談判未必能很快有突破，降低台灣操作美國槓桿的空間。 3. 沒有中國的明確同意，很多國家未必願意與台灣簽訂經濟整合協定。	1. 台灣政府將面對國內經濟利益團體與政治保守勢力的反對壓力。 2. 台灣政府要整合國內共識較困難。

因此，面對當前的挑戰與困境，台灣的兩岸經濟與區域經濟整合政策建議如下：

(一) 在多邊層面

- 積極推動 WTO 與 APEC 等多邊自由貿易體制的建立，主動提出各項國際貿易自由化與經濟整合協定的議程、積極推動各項貿易與投資自由化與合作的措施。

㈡ 在雙邊層面

- 優先同時完成兩岸與台美經濟整合協定。

- 第二優先目標為日本、香港、東南亞、歐盟。

- 第三優先目標為印度、澳洲、紐西蘭、中南美洲、加拿大與俄羅斯。

- 台灣與美、日、歐簽訂戰略經濟伙伴協定，包括經濟互惠、綜合功能議題合作與政策合作。

- 台灣應對東南亞國協先片面讓步，爭取雙邊互惠經濟整合協定。

- 在雙邊協商過程當中，台灣的名稱可彈性、作法應務實、管道要多元、議題分階段。

- 兩岸推動次區域經濟合作，應避免政治敏感與創造經濟共同利益，成為兩岸經濟合作的創新模式。

- 台灣推動與其他國家的次區域經濟合作，以突破當前的國際政治困境。

㈢ 在單邊層面

- 積極改善台灣的投資環境與推動台灣經濟體制自由化，包括兩岸經貿關係的自由化與正常化，以提升台灣的國際經濟競爭力。

除此之外，要順利完成雙邊 FTA 談判，政府必須要有決心推動經濟自由化與建立朝野共識，充分評估利弊與建構完整配套措施，積極整合產業利益與促進經濟結構調整，最關鍵的是協助全民就業升級。具體的策略說明如下：

(一) 成立「國家競爭力強化委員會」

- 在總統府之下成立「國家競爭力強化委員會」，邀請朝野領袖、產業、勞工及學者專家參與，建構完整的全球經濟整合戰略。

(二) 做好推動經濟整合協定的完善規劃：

- 針對全國生產資源、產業發展與國土進行完善規劃，以配合台灣的全球經濟整合戰略。

- 提出詳細而完整的各項經濟整合協定效應評估與談判規劃。

- 規劃完整的產業轉型策略與協助措施，例如設置產業轉型基金與貿易受害補助方式。

- 規劃勞動力轉型與競爭力提升措施，例如全面補助職業訓練與在職進修學位。

(三) 遵守經濟整合協定的談判原則：

- 透過與產業界、勞工與大眾充分溝通，凝聚國內共識。

- 透過協商透明化與國會監督協商，化解朝野對抗與社會疑慮。

- 經由公民投票同意重要的經濟整合協定（例如，兩岸貨品自由貿易協議與服務自由貿易協議），增加台灣的協商籌碼與降低台灣的社會衝突。

總而言之，面對台灣被排除在東亞經濟整合體制之外的嚴厲挑戰，可能是台灣的生存危機，但也可能是台灣的發展契機，端視台灣的因應思維與回應戰略，以及台灣政府的決心與能力。東亞經濟整合體制的發

展是全球貿易、投資與生產要素流動更加自由化的契機。因此,東亞經濟整合體制的建構正提供台灣一個絕佳的揮灑舞台。

在對外經濟戰略上,台灣應該積極主動推動全球經濟整合體制,才能跳脫出國際地緣政治的泥淖與化解中國的政治阻撓。台灣應該成為全球化的領航員與亞太自由貿易體制的催生者,以世界市場與全球資源為揮灑的空間,而不是被動地等候與其他國家簽署經濟整合協定才進行經貿開放。同時,台灣要活用中國市場與生產資源,兩岸應簽訂經濟整合協定,以提升台灣在全球經濟競爭的優勢與促進台灣經濟發展的全球化。

藉由上述作法將當前嚴厲挑戰轉換成台灣發展的契機,其實這也是回到台灣對外經濟戰略的共識方向:發揮台灣優勢、整合國際資源、拓展世界市場、提升台灣優勢、壯大台灣經濟!

不過,要實現上述戰略與策略還需要政治決心與技巧,可以參考大陸推動經濟改革與開放的經驗,例如試點推行、雙軌運作、循序漸進,這樣才能累積改革利益、降低改革風險,獲得既得利益者與一般人民的普遍支持,甚至形成積極推動改革的動力。當前,大陸各地方政府不斷要求對外開放的作法是台灣應該借鑑的成功模式。

四、給大陸的建議

　　兩岸經貿合作應該是互補雙贏、互惠互利，兩岸經濟應該交流與合作，以創造雙贏。然而，對於兩岸長久以來的政經關係，台灣一直感受到大陸的國際政治阻撓，使得台灣一直無法參與亞太區域經濟整合體制。大陸應該從互惠互利的角度思考台灣參與東亞經濟整合體制，支持台灣參與 TPP（跨太平洋戰略經濟夥伴關係協議）與 RCEP（區域全面經濟夥伴關係），則台灣內部支持兩岸經濟開放幅度與互惠合作擴大的力量才會更大。

　　大陸是台灣的最大貿易夥伴與最大對外投資地區，而且台灣有超過一百萬高階人才在中國工作，使兩岸產業形成密切的分工與合作。根據筆者與洪家科的估算，從 1988 年至 2008 年台商對中國貿易的貢獻比重高達 13.87％，在 2008 年底台商在大陸雇用的就業人數為 1,443 萬人。[2]如果台灣在國際經濟整合上持續被邊緣化，固然會嚴重影響台灣的經濟競爭力，但也會弱化台灣長期對大陸經濟發展的貢獻。當然，大陸持續阻撓台灣參與東亞經濟整合體制，將讓台灣人民對大陸政府更加不滿，讓兩岸關係的發展難以根本改善。前面提到台灣民眾認知大陸政府的敵意便是阻撓兩岸經濟交流與合作的重大阻力。

　　兩岸經濟分工既然是國際經濟分工、亞太地區生產網絡的重要一環，兩岸企業應該合作，利用大陸市場的規模經濟，掌握全球標準、品

2　童振源、洪家科，〈台商對中國經濟發展的貢獻：1988~2008 年〉，田弘茂、黃偉峰編，《台商與中國經濟發展》（台北：國策研究院，2010 年），頁 1-50。

牌與核心技術。因此,如果台灣在國際經濟整合上持續被邊緣化,固然會嚴重影響台灣的經濟競爭力,但也同時會弱化台灣長期對大陸經濟發展的貢獻。而且,TPP 開放幅度與深度都大,大陸短時間內可能難以因應這波區域經濟整合。大陸應該支持台灣加入 TPP,運用台灣的資源及優勢,讓大陸企業可以到台灣投資或與台灣企業合作,利用 TPP 的優惠進入國際市場,達到兩岸互惠互利的效果。

除了經濟發展上的考量,還包括政治角度上的利益,如果大陸不反對或阻撓台灣加入區域經濟整合體制,台灣人民會比較願意接受大幅度的兩岸經濟開放。以往的經驗顯示,台灣人民普遍擔心兩岸經濟開放的國家安全因素,使得兩岸經濟大幅度開放的作法在台灣常常窒礙難行。以近期簽署的服務貿易協議來說,2013 年 10 月底,經過四個月的政策宣導,陸委會的內部民調顯示,表態不支持兩岸服貿協議的民眾高達45%,仍高於支持的 40%。

相反地,當台灣 2002 年加入世界貿易組織時,民進黨政府從 2000年以後對大陸進口項目開放幅度便增加 20 個百分點,從 5,786 項增加到 8,055 項,且逐年增加,當時並沒有引起台灣內部的明顯反對。相對之下,馬總統上台至今,進一步開放大陸進口項目相當有限,只增加203 項農工產品項目(貨品總項數約 1 萬一千多項),見表 8-3。

總而言之,大陸支持台灣參與 TPP 或 RCEP 不僅會帶來經濟利益,擴大兩岸經濟交流,可以讓大陸企業利用台灣或促進兩岸企業合作進軍 TPP 相關國家的市場,而且會降低台灣人對大陸政府的反感,支持兩岸經濟合作與整合,改善兩岸關係發展的基本面,有助於建構兩岸長期和平發展與穩定的架構。

表 8-3　台灣對大陸進口商品之管理演變：1988-2013

年度	1988	1990	1992	1994	1996	1998	2000	2002	2004	2006	2008	2010	2012	2013
開放幅度	0.2	1.7	4.8	18.2	52.6	54.0	56.5	75.8	78.3	79.5	80.0	79.4	80.8	80.8

資料來源：經濟部國際貿易局，〈歷年開放大陸農、工產品統計明細〉，2013 年 9 月。

參考文獻

中文部分

TVBS 民意調查中心，2010/04/21。〈ECFA 雙英辯論前民調〉，<http://www.tvbs.com. tw/FILE_DB/DL_DB/doshouldo/201004/doshouldo-20100423190134.pdf>，2010 年 4 月 25 日下載。

大紀元，2009/03/10。〈週五 ECFA 公聽會 綠擬文武鬥〉，《大紀元》，<http://www. epochtimes.com/b5/9/3/10/n2456583p.htm>，2011 年 5 月 22 日下載。

大陸委員會，〈台灣民眾認知中國對台灣不友善程度〉，<http://www.mac.gov.tw/ public/Attachment/332516214848.gif>，2013 年 6 月 20 日下載。

大陸委員會，2009。〈ECFA 政策說明〉，行政院大陸委員會，<http://www.mac.gov. tw/public/MMO/RPIR/book458.pdf>，2010 年 7 月 5 日下載。

中央銀行，〈重要金融指標〉，<http://www.cbc.gov.tw/ct.asp?xItem=995&ctNode=523 &mp=1>，2012 年 8 月 10 日下載。

中央銀行，〈國際收支簡表（年資料）〉，<http://www.cbc.gov.tw/ct.asp?xItem=2336&c tNode=538&mp=1>，2013 年 3 月 7 日下載。

中央銀行，2011b。〈國際收支簡表（季資料）〉，<http://www.cbc.gov.tw/ct.asp?xItem =2336&ctNode=538&mp=1>，2011 年 8 月 20 日下載。

中央銀行，2011c。〈重要金融指標 - 存款、貸款 - 年資料〉，<http://www.cbc.gov.tw/ ct.asp?xItem=995&ctNode=523&mp=1>，2011 年 4 月 17 日下載。

中華民國中央銀行，〈重要金融指標〉，<http://www.cbc.gov.tw/ct.asp?xItem=995&ctN ode=523&mp=>1，2012 年 8 月 10 日下載。

中華民國財政部，2011。〈海關進出口貿易統計快報〉，<http://www.mof.gov.tw/lp.asp ?CtNode=1774&CtUnit=11&BaseDSD=5&mp=6>，2011 年 8 月 20 日下載。

中華民國統計資訊網，〈歷年各季國民生產毛額依支出分〉，<http://www.stat.gov.tw/ ct.asp?xItem=14616&CtNode=3564&mp=4>，2012 年 8 月 7 日下載。

中華民國統計資訊網，2011。〈國民所得及成長率統計表〉，<http://www.stat.gov.tw/ ct.asp?xItem=14616&CtNode=3564&mp=4>，2011 年 8 月 20 日下載。

中華民國經濟部,〈中國大陸、日本及韓國宣布啟動洽簽 FTA 經濟部將採措施協助業者〉,<http://www.ecfa.org.tw/ShowNews.aspx?id=516&year=all&pid=&cid=>,2012 年 11 月 22 日下載。

中華民國經濟部,2012。〈ECFA 早收清單的內容為何?何時生效?〉<http://www.ecfa.org.tw/ShowFAQ.aspx?id=70&strtype=-1&pid=7&cid=15>,2012 年 8 月 7 日下載。

中華民國經濟部,2012。〈全台受益情形〉,<http://www.ecfa.org.tw/EffectDoc.aspx?pid=4&cid=6>,2012 年 8 月 7 日下載。

中華民國經濟部,2012/02/10。〈ECFA 早期收穫計畫執行情形〉,<http://www.ecfa.org.tw/ShowNews.aspx?id=417&year=all&pid=&cid=>,2012 年 8 月 1 日下載。

中華民國經濟部,2012/06/28。〈ECFA 貨品貿易早期收穫計畫成效之說明〉,<http://www.ecfa.org.tw/ShowNews.aspx?id=463&year=all&pid=2&cid=2>,2012 年 7 月 30 日下載。

中華民國經濟部,2012/11/13。〈海峽兩岸經濟合作架構協議(ECFA)執行情形〉,<http://www.ecfa.org.tw/ShowNews.aspx?id=509&year=all&pid=2&cid=2>,2012 年 11 月 20 日下載。

中華民國經濟部工業局,2012/06/25。〈ECFA 貨品貿易協議公聽會〉,<http://www.ecfa.org.tw/ShowNews.aspx?id=459&year=all&pid=&cid=>,2012 年 8 月 8 日下載。

中華民國經濟部投資審議委員會,〈102 年 6 月核准僑外投資、陸資來臺投資、國外投資、對中國大陸投資統計速報〉,<http://www.moeaic.gov.tw>,2013 年 8 月 10 日下載。

中華民國經濟部國際貿易局,2013/08/09。〈海峽兩岸經濟合作架構協議(ECFA)執行情形〉,<http://www.ecfa.org.tw/ShowNews.aspx?id=683&year=all&pid=&cid=>,2013 年 8 月 10 日下載。

中華民國總統府,2010/07/01。〈總統偕同副總統舉行『台灣新契機,亞洲新時代 - 關鍵時刻,正確選擇』記者會〉新聞稿,<http://www.president.gov.tw/Default.aspx?tabid=131&itemid=21895&rmid=514>,2011 年 5 月 1 日下載。

中華經濟研究院,2009/07/29。〈「兩岸經濟合作架構協議之影響評估報告」報告〉簡報檔案,<http://www.ecfa.org.tw/EcfaAttachment/ECFADoc/05.pdf>,2009 年 7 月 30 日下載。

中評社，2009/10/17。〈兩岸政治對話 台灣拋三要件〉，《中國評論新聞網》，<http://
　　www.chinareviewnews.com/doc/1011/0/6/5/101106555.html?coluid=93&kindid=27
　　89&docid=101106555>，2011 年 5 月 21 日下載。

王珮華，2009/04/24。〈六成民眾憂 經濟嚴重依賴中國〉，《自由時報》，<http://www.
　　libertytimes.com.tw/2009/new/apr/24/today-fo5.htm>，2009 年 4 月 24 日下載。

朱真楷，2013/11/13。〈蔡英文：兩岸經貿 應互利共生〉，《中國時報》，< http://news.
　　chinatimes.com/politics/11050202/112013111300119.html>，2013 年 12 月 1 日下
　　載。

江啟臣，2007。〈亞太區域經濟整合的演變與發展〉，江啟臣 編，《區域經濟整合浪
　　潮下的亞太自由貿易區》。臺北：臺經院 APEC 研究中心。頁 17。

李欣芳、王寓中，2010/05/03，。〈不設政治前提 蔡：不排除與中國對話〉，《自由時
　　報》，<http://www.libertytimes.com.tw/2010/new/may/3/today-fo1.htm#>，2011 年
　　5 月 5 日下載。

林琮盛，2009/12/17。「國台辦：台灣爭取 FTA 需兩岸協商」，《聯合報》，

邱垂正，2012/10/1。〈小三通功能類型發展演進之探討〉，「台灣智庫兩岸與區域經濟
　　論壇」演講稿。

洪財隆，2009/04/11。〈兩岸簽署 ECFA（CECA）的玄機與時機〉，發表於「民間國
　　事會議」。

高孔廉，2012/07。〈ECFA 簽署兩周年有感〉，《兩岸經貿》，第 247 期，頁 6-8。

張麗娜，2013/11/23。〈蘇貞昌：服貿協議不對等 應重啟談判〉，《頻果日報》，<http://
　　www.appledaily.com.tw/realtimenews/article/new/20131123/297385/>，2013 年
　　12 月 1 日下載。

曹小衡，2012/12/29。〈中國大陸次區域經濟合作發展戰略與政策觀察〉，「台灣智庫
　　兩岸與區域經濟論壇」演講稿。

郭翡玉，2013/3/4。〈區域空間發展規劃〉，「台灣智庫兩岸與區域經濟論壇」演講稿。

陳秀蘭，2006/11/20。〈APEC 挺亞太自貿區〉，《經濟日報》，版 A1。

陳宥臻，2011/10/14。「韓 FTA 收割 衝擊我出口 5000 億元」，《中國時報》，版 A8。

陳致畬，2013/11/29。〈上海自貿區 五台商進駐〉，《聯合報》，< http://udn.com/NEWS/
　　MAINLAND/MAI3/8327283.shtml>，2013 年 12 月 1 日下載。

陳德昇，2013/1/7。〈中國次區域經濟發展的戰略與政策〉，「台灣智庫兩岸與區域經
　　濟論壇」演講稿。

彭顯鈞，2009/04/22。〈成民眾：ECFA 應交付公投〉，《自由時報》，版 A3。

童振源，2009。《東亞經濟整合與台灣的戰略》，台北：政大出版社。

童振源、洪家科，2010。〈台商對中國經濟發展的貢獻：1988~2008 年〉，田弘茂、黃偉峰編，《台商與中國經濟發展》。台北：國策研究院，2010。頁 1-50。

楊昊，2013/4/22。〈東協與中國的次區域經濟合作經驗〉，「台灣智庫兩岸與區域經濟論壇」演講稿。

鄒麗泳，2010/04/13。〈ECFA 將衝擊白領？民進黨批馬說謊〉，《中國評論新聞網》，<http://www.chinareviewnews.com/doc/1012/8/7/6/101287670.html?coluid=93&kindid=2910&docid=101287670>，2011 年 5 月 21 日下載。

劉屏，2012/08/10。〈台灣欲入 TPP 需高標準自由化〉，《中國時報》，A14。

潘羿菁、薛孟杰，2012/03/16。〈美歐韓雙 FTA 紡織塑化衝擊大〉，《中國時報》。

鄭琪芳，2013/07/01。〈星期專訪台灣大學經濟系主任鄭秀玲：服貿協議重傷經濟 應立即停止〉，《自由時報》。

蘇永耀，2011/05/01。〈經濟傾中 6 成民眾憂侵蝕主權〉，《自由時報》，<http://www.libertytimes.com.tw/2011/new/may/1/today-p1.htm>，2011 年 5 月 1 日下載。

英文部分

Asian Development Bank, 2010. <http://aric.adb.org>.

Asian Regional Integration Center, "Integration Indicators Database," Asian Development Bank, <http://www.aric.adb.org/indicator.php>, 2008 年 5 月 28 日下載。

Asian Regional Integration Center, 2013. "Table 1. FTAs by Status , 2013," Asian Development Bank, <http://www.aric.adb.org/1.php>, 2013 年 11 月 04 日下載。

Asian Regional Integration Center, 2013. "Table 6. FTA Status by Country, 2013," Asian Development Bank,< http://www.aric.adb.org/10.php>, 2013 年 11 月 04 日下載。

CEIC China Premium Database, 2011. 2011 年 8 月 23 日下載。

Florence Jaumotte, 2004. "Foreign Direct Investment and Regional Trade Agreements: The Market Size Effect Revisited," *IMF Working Paper, WP/04/206*.

Haddad, Mona, 2007. "Rules of Origin in East Asia: How Are They Working in Practice," in World Bank (ed.), *Preferential Rules of Origin*. Washington, DC: World Bank. pp. i-ii.

Juan A. Marchetti and Martin Roy, 2008. "Services Liberalization in the WTO and in PTAs," in Juan A. Marchetti and Martin Roy eds., *Opening Markets for Trade in services- Countries and Sectors in Bilateral and WTO Negotiations*. New York: Cambridge University Press. pp. 61-112.

Leaders' Declaration of the Sixteenth APEC Economic Leaders' Meeting, 2008/11/22-23. "A New Commitment to Asia-Pacific Development," <http://www.apec.org/content/apec/leaders__declarations/2008.html>, accessed February 2, 2009.

Manchin, Miriam, and Annette O. Pelkmans-Balaoing. 2007. "Rules of Origin and the Web of East Asian Free Trade Agreements." World Bank Policy Research Working Paper 4273.

Masahiro Kawai and Ganeshan Wignaraja, 2008/02. "Regionalism as an Engine of Multilateralism: A Case for a Single East Asian FTA," ADB Working Paper Series on Regional Economic Integration, No. 14, pp. 1-14.

Miriam Manchin and Annette O. Pelkmans-Balaoing, 2007. "Rules of Origin and the Web of East Asian Free Trade Agreements," *World Bank Policy Research Working Paper* 4273,

Roberta Piermartini and Robert Teh, 2005. "Demystifying Modeling Methods for Trade Policy," *WTO Discussion Paper*, No. 10.

Rosen, Daniel, and Zhi Wang, 2010. "Deepening China-Taiwan Relations through the Economic Cooperation Framework Agreement," *Peterson Institute for International Economics Policy Brief*, PB10-16.

United Nations Conference on Trade and Development, 2011. *World Investment Report* (various issues), <http://www.unctad.org/Templates/Page.asp?intItemID =1485&lang=1>, 2011 年 5 月 1 日下載。

United Nations, 2012. *World Investment Report 2012*. New York: United Nations.

Velde, Dirk Willem, and Dirk Bezemer, 2006. "Regional Integration and Foreign Direct Investment in Developing Countries," *Transnational Corporations*, Vol.15, No.2, pp. 41-70.

World Trade Organization, 2010. <http://rtais.wto.org/UI/PublicMaintainRTAHome. aspx>.

World Trade Organization, "Index Scores for GATS Commitments and 'Best' PTA Commitments, by Member and Mode of Supply," <http://www.wto.org/english/ tratop_e/serv_e/dataset_e/index_best_pta_score_by_member_e.xls>, 2012 年 8 月 11 日下載。

World Trade Organization, "Index Scores for GATS Commitments and PTA Commitments, by PTA," <http://www.wto.org/english/tratop_e/serv_e/dataset_e/ index_per_agreement_e.xls>, 2012 年 8 月 11 日下載。

World Trade Organization, "GATS Score and 'Best' PTA Score for Each Member, by Selected Service Sectors," <http://www.wto.org/english/tratop_e/serv_e/dataset_e/ index_best_pta_score_per_sect or_e.xls>, 2012 年 8 月 11 日下載。

博碩文化

博碩文化